프로는 어떻게 말하는가

공감 관계 소통 설득 …
무례한 사람도 내 편으로 만드는 4단계 대화 수업

프로는 어떻게 말하는가

Talk Like a Master

최지훈 지음

흐름출판

머리말

대화는 재능이 아니라
기술이다

2017년 9월, 저는 태어나서 처음으로 미국행 비행기에 올랐습니다. 뉴욕 맨해튼에 위치한 글로벌 뷰티 기업인 키스 그룹 KISS GROUP으로부터 교육 요청을 받았기 때문입니다. 이는 우리나라 산업 강사로는 최초로 미국 현지 기업의 초청을 받은 뜻깊은 자리였습니다.

처음 초청 연락을 받았을 때는 사실 의아했습니다. 저는 화려한 학벌도, 뛰어난 스펙도, 유명세도 없었으니까요. 그래서 교육을 담당한 책임자에게 이렇게 물었습니다. "왜 제게 강의를 맡기셨나요?"

"저희는 중소기업에서 밑바닥부터 시작해 최고의 자리까지 오른 현장 전문가를 찾고 있었습니다. 선생님께서 그간 쌓아오신 현장 노하우를 저희 직원들에게 전달해주시고, 그들이 자신감을 가지고 더 멀리 나아갈 수 있도록 동기를 부여해주셨으면 합니다."

이 말을 듣고 저는 속으로 환호성을 질렀습니다. 제약회사 영업사원으로 처음 사회에 발을 디딘 이후 줄곧 지향해왔던 가치관을 드디어 인정받았다는 기쁨 때문이었습니다.

'눈에 보이는 화려한 간판이 아니라도 그 속에 담긴 내공이 탄탄해야 프로다.'

'시작은 야생의 잡초라도 그 끝에서 온실 속 화초보다 돋보이면 프로다.'

그렇게 뉴욕에서의 첫 강의를 성공적으로 마치자 교육생 한 분이 다가와 사인을 요청하더군요. 우리나라에서는 좀처럼 경험하지 못했던 상황이라 쑥스러웠지만, 그 이유를 듣고 다시한번 깊은 감동을 받았습니다. "영업을 하면서 막연히 품고 있던 고민들을 명쾌하게 정리해주셔서 앞으로도 계속 나아갈 수 있을 것 같습니다. 오늘의 이 마음을 오래 기억하고 싶습니다." 이렇게 시작된 키스 그룹과의 인연은 지금까지 이어져 오고 있습니다.

저는 2003년 처음 대중 앞에 서서 마이크를 잡았고, 2008년부터 본격적으로 커뮤니케이션 전문가의 길을 걷고 있습니다. 햇

수로 치면 20년 가까이 이 일을 해오고 있습니다. 제가 다른 분들과 차이점이 있다면 저는 비즈니스 현장의 경험과 연구자들이 쌓아올린 이론을 접목시켜 이를 먹기 쉽게 만드는 데 주력해 왔다는 점입니다. 덕분에 지금은 발표, 세일즈, 협상은 물론 일상의 소통에서도 바로 적용할 수 있는 저만의 대화법을 체계화하게 되었습니다.

물론 처음에는 현장과 이론 사이에서 혼란을 느끼기도 했습니다. 공감, 대화, 설득의 과정은 이론과 실전이 적절히 조화를 이뤄야 합니다. 그러나 이론만 중시하다 보면 현장의 복잡 미묘한 상황에 적용하기 힘듭니다. 한편 생생한 사례는 흥미를 끌고 공감을 얻을 수 있지만, 이를 어디에서나 통하는 법칙으로 일반화하는 데는 한계가 있습니다. 저는 현장의 생생함과 학문의 체계성을 모두 담아내는 것이 진정한 프로라고 생각합니다. 그래서 경험과 이론을 버무리는 작업을 지금도 계속하고 있습니다.

이러한 노력 끝에 얻은 답은 명확합니다. 대화의 프로는 '말을 잘하는 사람'이 아니라 '잘 말하는 사람'입니다. 말을 잘한다는 것은 재치 있고 화려한 언변을 구사하는 것이지만, 잘 말한다는 것은 대화 상대와 공감대를 형성하고 그 사람이 이해할 수 있도록 그들의 언어로, 메시지를 명확하고 간결하게 전달하는 능력입니다. 잘 말하는 사람은 내용의 본질을 정확하게 파악하고, 이를 상대방의 입장과 눈높이에 맞춰 설득력 있게 표현할 줄 아는 사람입니다.

고백하자면, 영업사원으로 사회에 첫 발을 내딛었을 때 저는 '말을 잘하는 것'에만 집중했습니다. 처음 고객들 앞에서 세일즈 행사를 진행했을 때였습니다. 운이 좋게도 그날 꽤 괜찮은 판매 수익을 올렸지만, 저의 담당 사수는 이렇게 따끔한 충고를 건넸습니다.

"지훈 씨는 제품 설명이 아니라 허세를 부린 거예요. 어려운 전문용어나 고급 어휘 대신 고객이 이해할 수 있도록 쉬운 말로 설명할 수 있어야 진짜 프로입니다." 그때 깨달았습니다. 전문가의 진정한 실력은 어려운 것을 쉽게 풀어 전달하는 능력에 있다는 것을요. 그날 이후 저는 모든 자료를 고객의 언어로 다시 정리했고, 만나는 사람 한 분 한 분에 맞춰 대화 전략을 구조화했습니다. 그 결과 최연소, 최단기간 판매 실적 1위를 달성할 수 있었습니다.

이 책에는 제가 영업사원으로 시작해 커뮤니케이션 전문가이자 한 기업의 대표로서 성장하며 현장에서 직접 경험한 것들과 다양한 심리, 경영, 커뮤니케이션 이론을 교차 검증하고 강연, 방송 등을 통해 한 번 더 확인한 방법들을 엄선하여 담았습니다. 다양한 사례와 이론이 조화롭게 어우러져, 누구나 쉽게 소화할 수 있도록 구성했습니다.

처음 고객 앞에 섰던 날이 아직도 생생합니다. 어떻게 말을 꺼내야 할지 몰라 두렵기만 해서 손에 쥔 전단지 한 장 건네는 것조차 쉽지 않았던 기억이 납니다. 사실 저는 지금도 첫 미팅에 나설 때는 심호흡을 여러 번 할만큼 낯을 가리는 성격입니다. 그러니 걱정하지 마십시오. 대화는 타고나는 재능이 아니라, 훈련과 연습을 통해 누구나 익히고 발전시킬 수 있는 기술입니다. 타고난 소심쟁이였던 제가 했다면, 당신도 충분히 대화의 기술을 익힐 수 있습니다. 중요한 것은 화려한 언변이 아니라, 내 생각을 정확하게 전달하고 상대방의 입장에 공감하며 원하는 방향으로 대화를 이끄는 능력입니다. 이 책이 그 길로 당신을 안내할 것입니다.

일상의 모든 대화가 더욱 풍요로워지고, 서로가 더욱 잘 이해할 수 있는 새로운 시작을 경험하시기를 진심으로 바랍니다.

차례
CONTENTS

머리말 대화는 재능이 아니라 기술이다 • 005

1장 공감 - 적에게도 인정받고 싶은 것이 사람이다

공감의 시작은 내 감정을 표현하는 것부터	**018**
듣는 것도 전략이다	**026**
말 잘하는 사람 vs. 잘 말하는 사람	**033**
대화를 이어주는 질문법	**042**
관계 온도를 높여주는, 공감 전략	**049**
한 끗 차이가 진정성을 결정한다	**055**
사과는 말이 아니라 태도로 하는 것	**062**
거절할 수 없는 부탁의 비밀	**069**
차이와 차별은 다르다	**075**

2장 관계 말의 온도를 높여 관계를 쌓아가는 법

좋은 첫인상을 만드는 습관 **086**
고마움은 구체적, 그리고 즉각적으로 **093**
오지랖에도 기술이 필요하다 **100**
상처 주지 않고 거절하는 법 **107**
남녀의 차이를 이해하면 소통이 쉬워진다 **112**
'나를 알아주는 사람'의 소통법 **119**
영향력을 키우는 3단계 관계 관리 **128**
첫인상을 결정하는 비즈니스 매너 **134**
직장에서 인정받는 사람들의 말습관 **142**
'꼰대'는 모르는 듣기의 기술 **148**

3장 소통 — 짧은 대화에도 구조가 필요하다

프로는 어떻게 말을 설계하는가 — 158

명연설가들의 궁극기, 카리스마 패턴 — 165

'멋지게 한 말씀', 1분 스피치 — 175

말의 논리를 쌓아주는 4MAT 시스템 — 182

칭찬과 질책에도 전략이 필요하다 — 188

적을 만들지 않고 당당하게 말하고 싶다면 — 195

말문이 막혔을 때 꺼내는 마법의 문장들 — 201

토론 1인자만 아는 샌드위치 피드백 — 208

호감 가는 말투를 만드는 한 끗 — 214

갈등을 조율하고 해결하는 MTP 전략 — 218

4장 설득 — 반드시 결과를 만드는 프로의 설득법

프로는 어떻게 설득하는가 — 230

사실보다 심리를 공략하라 — 235

매출을 높이는 3가지 대화법 — 242

설득은 온몸으로 하는 것 — 249

내향인을 위한 3가지 발표 전략 — 255

협상의 열쇠, 바트나 — 264

성과를 끌어내는 3가지 협상법 — 271

영업사원을 위한 비즈니스 소통법 — 278

문서 소통에도 전략이 필요하다 — 283

맺음말 당신은 프로입니까? • 291

1장 공감

적에게도 인정받고 싶은 것이 사람이다

저는 오랫동안 여러 기업과 기관의 임직원들을 대상으로 소통과 커뮤니케이션 관련 교육을 해왔습니다. 다수의 방송에도 전문가로 출연한 경험이 있습니다. 이 정도면 그래도 소통 전문가라고 소개할 정도는 되겠죠. 그러나 지금도 누군가와 소통하다 보면 상처를 받는 경우가 있습니다.

한번은 낯선 번호로 전화가 걸려왔습니다. 앞뒤 없이 대뜸 "○○어린이집 아시죠?"라고 하더군요. 굉장히 당황스러웠지만 이렇게 대답했습니다. "안녕하세요. 제가 2015년부터 전국 어린이집 연합회에 소속된 어린이집 수천 곳의 보육 교직원 연수를 담당하고 있지만, 그렇게 물어보시면 알 수 없지요. 어느 지역에 있는 ○○어린이집인지, 왜 묻는 건지 정확하게 이야기해주세요. 그전에 전화하신 분이 어디 소속인지, 성함은 무엇인지, 무슨 일로 물어보는 건지 먼저 설명해 주시면 좋겠습니다." 얼마나 바쁘고 급하면 그럴까 싶어 필요 이상으로 친절하게 전화 예절까지 설명했습니다. 그러자 수화기 너머에서 한숨 쉬는 소리가 들리더니 "○○지역에 있는 ○○어린이집입니다. 그곳 원장님이 보육 교직원 관리 전산망에 이번 연수 실적을 올려주셨는데 내용을 좀 확인하려고요"라고 마지못해 대답하면서도 자신의 이름과 소속은 끝까지 밝히지 않더군요.

소통에는 다양한 기술이 존재합니다만, 기술 이전에 기본적인 예절과 태도를 갖춰야 합니다. 그리 어렵지도 않아요. 상대방에게 자신의 이름과 소속을 밝히는 게 기본입니다. 자기 용무만 내세우며 채근하는 것은 곤란하지요. 이런 무례한 태도는 상대방으로 하여금 불쾌감과 거부감을 유발하게 마련입니다. 당연히 소통의 목적을 달성하기 어렵지요.

커뮤니케이션에는 다양한 목적이 있습니다. 정보를 주고받거나, 친밀감을 형성하거나, 상대방의 생각이나 행동을 내가 원하는 방향으로 이끄는 등 다양한 의도를 가지고 우리는 대화를 합니다. 농담 한마디에도 '분위기를 부드럽게 만들고 싶다', '당신과 좀 더 친해지고 싶다'는 의도가 숨어 있습니다.

그렇다면 어떻게 해야 내 의도를 제대로 전달하고, 목적을 달성할 수 있을까요? 이를 위해 가장 먼저 갖춰야 할 기본기가 바로 공감과 경청입니다. 내 말을 전달하기 전에 상대방의 말을 잘 들어주는 태도가 필요합니다. 그 사람 입장에서 먼저 생각해보는 것이지요.

공감과 경청을 통해 우리는 상대방의 의도와 속마음을 파악하고 그에 맞춰 소통 전략을 세울 수 있습니다. 1장에서는 바로 그 기본기를 다루고자 합니다.

공감의 시작은 내 감정을 표현하는 것부터

잘 말하기 위해서는 무엇보다 '공감'이 중요합니다. 그런데 상대방에게 공감하기에 앞서 해야 할 것이 있습니다. 무엇보다 먼저 자기 자신을 건강하게 표현할 줄 알아야 합니다. 왜냐고요? 내 감정을 솔직하게 표현하지 못하면 상대방과의 관계에서 오해가 생기거나 불필요한 갈등이 발생할 수 있습니다. 자신의 감정을 드러내지 않고 억누르기만 하면 상대방에게 이해받고 존중받기는커녕 스스로 위축되거나 소외감을 느낄 수 있습니다.

공감은 자신을 제대로 표현하는 것으로 시작됩니다. 자기감정을 건강하게 표현할 줄 아는 사람은 상대방의 감정에도 진정성 있게 공감합니다. 자기표현이 서툰 사람은 자신의 감정을 제대로 전달하지 못해 관계에서 불필요한 오해를 만들기 쉽습니다. 타인을 이해하고 배려하는 것도 중요하지만, 그전에 스스로를 이해하고 자신의 감정을 명확히 표현할 줄 알아야 합니다.

우리는 살아가면서 여러 가지 이유로 스트레스를 받습니다. 예상치 못한 일들이 벌어지고, 사람과의 관계에서 상처를 받기도 하지요. 이럴 때 자신의 감정을 건강하게 표현하는 것은 스트레스를 해소하는 데 큰 도움이 됩니다. 내 속에 억울한 분노, 답답함이 쌓여 있는데 소통이 잘 될 리가 없지요. 감정을 표현하는 방법은 다양합니다. 글로 적거나 표정이나 행동으로 표현할 수도 있습니다. 그중에서도 가장 효과적인 방법은 말, 즉 언어로 표현하는 것입니다. 말은 감정을 가장 빠르고 직관적으로 전달할 수 있는 도구이기 때문입니다.

그러나 감정을 말로 표현하는 과정에서 '필터 없이' 마구 뱉어냈다가는 공감은커녕 오해를 불러일으키게 됩니다. 잘못하면 관계가 와장창 깨질 수도 있습니다. 감정을 건강하게 표현하려면 자제해야 할 표현과 되도록 많이 사용해야 할 표현을 구분할 줄 알아야 합니다. 감정이 격해진 순간, 상대방에게 상처 주는 말을 내뱉거나 섣불리 비난하는 말을 쏟아내면 대화의 목적이 흐려지고 관계가 악화됩니다. 반대로, 감정을 솔직하면서도 배려 있는 방식으로 표현하면 깊은 이해를 바탕으로 상대방과 더욱 단단하게 연결될 수 있습니다.

감정을 건강하게 표현하는 5가지 태도

감정을 건강하게 표현하기 위해서는 판단, 강요, 당연시, 책임 회피, 비교 이렇게 5가지를 자제해야 합니다. 이런 표현들은 상대방과의 관계를 단절시켜 말하는 이를 소외시킬 수 있기 때문에 주의해야 합니다. 하나하나 자세히 살펴보겠습니다.

먼저 '판단'입니다. "너는 너무 게을러", "저 친구는 무책임해", "우리 팀장님은 너무 권위적이야", "그건 바보 같은 생각이야"처럼 상대방이 잘못되었다고 단정하는 표현이 이에 해당합니다. "그 사람은 성공한 기업가야", "네가 제일 똑똑해"처럼 듣기 좋은 말도 주관적인 생각으로 단정 짓는 판단에 포함됩니다. 판단하는 말은 자신을 스스로 만든 틀 안에 가둡니다. 모든 가능성을 부정하며 자신이 만든 판단의 틀에 의해서만 모든 것을 보는 것이지요. 그렇게 사고의 폭이 좁아지면 이해의 폭 또한 당연히 좁아집니다.

다음은 '강요'입니다. 내 부탁을 당연히 들어줘야 한다거나, 내 요청을 거절하면 비난받거나 불이익을 당할 거라고 암시하는 말이 이에 해당합니다. "남기지 말고 다 먹어", "지금 당장 숙제

해", "내 말 들어", "참견하지 말고 네 일이나 똑바로 해" 같은 표현이 여기에 속합니다. 대화는 상호 존중과 이해를 바탕으로 이뤄져야 합니다. 상대방의 의사와 상황은 고려하지도 않은 채 자신의 의견만 내세우는 사람과는 그 누구도 대화하고 싶지 않을 겁니다. 강요의 말은 대화 자체를 불가능하게 할 뿐만 아니라 심각할 경우 갈등의 불씨가 되기도 합니다.

'당연시'는 어떤 행동의 결과로 인해 상대방이 상이나 벌을 당연히 받아야 한다고 말하는 것입니다. "그 사람은 벌을 받아도 마땅해", "3년 차인데 그 정도는 당연히 해야지", "그쪽 지역 사람들은 원래 다 그래?" 같은 표현이 대표적입니다. 이런 말들은 내가 상대방보다 우월한 입장에서 판단하는 듯한 인상을 주기 때문에 감정을 건강하게 표현하는 데 방해가 됩니다.

이어서 '책임 회피'를 살펴봅시다. 내가 선택한 말과 행동, 결정을 마치 남이 시켜서 한 것처럼 표현하는 것으로 일종의 남 탓하기, 핑계 대기에 해당합니다. "상사가 고객에게 그렇게 하라고 해서 그랬어", "나이가 차면 다 해야 된다고 하니까 결혼을 했어", "나도 모르게 그 케이크를 혼자 다 먹어버렸어" 같은 표현이 이에 해당합니다. 이런 말은 의지할 수 없는 사람이라는 인상을 줄 뿐만 아니라 상대방의 마음을 멀어지게 합니다. 이해와 용서, 문제해결 등 대화를 통해 이루고자 하는 결과에서 점점 멀어지며 상대방과의 관계 자체를 단절시키기도 합니다.

마지막으로 '비교'입니다. 말하는 사람은 가볍게 넘길 수 있지만 듣는 사람에게는 깊은 상처가 되는 표현이지요. "엄마 친구 아들은……", "넌 왜 형보다 못하니?", "누구네 집은 이렇다더라" 같은 표현이 이에 해당합니다. 무심코 내뱉은 비교의 말은 상대방의 자존심을 상하게 할 뿐 아니라 심할 경우 모욕감이나 열등감을 느끼게 할 수 있습니다. 그렇게 되면 상대방을 위축시키고 부정적인 감정을 유발합니다.

감정을 구성하는 4가지 뿌리

감정을 건강하게 표현하기 위해서는 욕구, 느낌, 관찰, 부탁 이렇게 4가지에 주목해야 합니다. 하나씩 짚어보겠습니다.

먼저 '욕구'에 대해 알아볼까요. 욕구는 우리가 살아가면서 중요하게 여기는 가치이자 우리 내면에 존재하는 긍정적인 힘입니다. 우리에게는 다양한 욕구가 존재합니다. 모든 사람이 공통적으로 갖는 보편적인 욕구도 있고, 개인마다 갖는 특별한 욕구도 있지요. 또한 표면적인 욕구가 있는가 하면, 그 뒤에 숨겨진 근본적인 욕구도 있습니다.

친구와 주말여행을 가기로 했는데 출발 전날 갑자기 가지 못하게 되었다고 연락을 해 옵니다. 만약 나도 몸이 좋지 않아 쉬고 싶었다면 그 연락이 반갑고 고마울 겁니다. 이때 내 근본적인 욕구는 '휴식'입니다. 반대로 여행을 기대하고 있었다면 화가 나고 짜증이 날 겁니다. 이때 내 욕구는 '재미' 혹은 '예측 가능성'입니다. 평소 약속 지키는 것을 중요시했다면 친구에게 실망할 수도 있지요. 이때 내 욕구는 '신뢰', '존중', '일관성'입니다.

욕구는 내가 가지고 있는 기본적인 바람과 소망으로, 느낌과 감정의 근원적인 이유라고 할 수 있습니다. 느낌은 욕구로 인해 내 몸과 마음에 일어나는 반응을 뜻합니다. 단발적인 느낌이 부풀려지거나 여러 가지 느낌이 얽히고설켜 복합적이고 강렬하게 드러나는 것이 감정입니다. 이처럼 모든 느낌과 감정은 욕구에서 비롯되기 때문에 표면으로 드러난 감정이 아닌 욕구에 주목하면 문제 해결의 실마리를 쉽게 찾을 수 있습니다.

'느낌'은 단순한 생각이 아니라 외부 자극에 의해 내 몸과 마음에서 일어나는 반응을 뜻합니다. 욕구가 충족되었는지 그렇지 않은지를 나타내는 것이죠. 느낌과 생각은 어떻게 다를까요? "당신이 나를 사랑하지 않는 것처럼 느껴져"라는 말과 "당신이 나를 사랑하지 않는 것 같아서 외로워"라는 말 중 후자가 더욱 느낌에 가까운 표현입니다. 사랑이라는 욕구가 충족되지 않아서 외롭다는 반응을 나타내는 것이기 때문입니다.

느낌은 감정의 뿌리라고 할 수 있습니다. 나의 느낌을 알아야 마음을 정확히 표현할 수 있지요. 느낌을 제대로 인식해야 감정과 행동을 구분하고, 자신의 진짜 필요를 인식해 상대방에게 명확한 요청을 할 수 있습니다. 우리 감정이 보내는 진짜 신호 느낌에 주목해야 하는 이유입니다.

다음은 '관찰'입니다. 추측이나 선입견을 섞지 않고 보고 들은 사실을 있는 그대로 표현하는 것이 관찰입니다. "우리 팀장님은 참 팀장답지 않게 행동한다"라는 말은 평가이지만 "팀장님은 지난주에 책을 두 권 읽으셨다"라는 말은 객관적인 관찰이지요. 관찰과 평가가 헷갈린다면 카메라로 기록할 수 있는 내용인지 생각해보면 도움이 됩니다.

마지막으로 '부탁'입니다. 부탁은 상대방에게 내가 원하는 것을 구체적인 행동으로 옮겨달라고 요청하는 것입니다. 어렵게 꺼낸 부탁인 만큼 당연히 꼭 들어줬으면 하는 마음이 듭니다. 이럴 때 효과적으로 부탁하는 방법을 알면 도움이 되겠지요. 부탁할 때는 그 내용이 구체적이어야 합니다. 긍정문으로 표현하되 권유형, 현재형으로 말하는 것이 효과적입니다.

예를 들어볼까요. "직장에서의 인간관계를 개선합시다"처럼 막연하게 말하기보다는 "회사에서 마주치면 서로 인사합시다"처럼 구체적으로 표현합니다. 또한 "상사의 말에 반박하지 마세요" 같은 부정문보다는 "다른 의견이 있으면 구체적인 이유와 함께 개선 방안을 제시해주세요"처럼 긍정문으로 말합니다. "문서보관실에 가서 자료 좀 찾아오세요" 같은 명령형보다는 "문서보관실에서 자료 좀 가져다줄 수 있어요?"처럼 권유형으로 말을 건네야 거부감 없이 부탁을 들어주게 됩니다. "앞으로는 약속 시간을 지켜줬으면 좋겠어"처럼 미래형으로 말하기보다는 "약속 시간에 늦을 것 같으면 30분 전에는 미리 알려줄 수 있죠?"처럼 현재형으로 표현하면 말하는 사람의 의도를 보다 효과적으로 전달할 수 있습니다.

핵심 3문장

- ▶ 감정을 건강하게 표현하려면 판단, 강요, 당연시, 책임 회피, 비교 같은 표현을 자제해야 한다.
- ▶ 감정을 건강하게 표현하려면 솔직한 느낌, 표면적인 욕구는 물론 내면적인 욕구를 표현하고 추상적 평가가 아닌 객관적인 관찰을 이야기한다.
- ▶ 전달의 형식은 부탁을 활용하되, 구체적인 내용을 긍정문으로 말하면서 권유형, 현재형으로 이야기하면 원활한 소통이 가능하다.

듣는 것도 전략이다

    대화에서 말하기보다 경청이 중요하다는 것은 굳이 강조할 필요도 없는 상식입니다. 그런데 여전히 많은 사람들이 경청을 단순히 '잘 들으면 되는 것'이라고 생각합니다. 과연 그럴까요?

    경청은 단순히 상대방의 말을 듣는 게 아니에요. 진정한 경청이란, 듣는 것 이상으로 적극적인 행동을 요구하는 과정입니다. 여기서 중요한 것은 단순히 말의 내용만 듣는 게 아니라 그 이면에 깔려 있는 뉘앙스와 숨은 의미까지 파악해야 한다는 것입니다. 즉, 상대방의 감정과 생각을 헤아려 듣고, 내가 이해한 바를 상대방에게 피드백해주는 것까지 포함한 것이 경청입니다. 가만히 들고만 있는 것은 진정한 의미의 경청이 아니에요. 경청이 완성되려면 제대로 듣고 적절히 반응해야 합니다. 경청을 잘하려면 해야 할 행동만큼이나 해서는 안 될 행동을 아는 것이 중요합니다.

잘 듣기 위해 피해야 할 3가지

경청을 잘하기 위해서는 반드시 피해야 할 3가지가 있습니다. 기계적인 반응, 반복적인 질문, 과한 추임새입니다. 하나씩 자세히 살펴볼까요?

첫째, '기계적인 반응'입니다. 고개를 끄덕이는 등 상대방의 이야기에 적극적인 반응을 보이는 것은 '당신의 말에 귀 기울이고 있습니다' 또는 '대화가 흥미롭습니다'라는 뜻을 전하는 행동입니다. 하지만 이러한 반응이 지나치거나 기계적으로 느껴지면 오히려 대화에 부정적인 영향을 줍니다. 영혼 없는 끄덕임, 가식적인 호응, 불필요한 추임새는 대화에 전혀 도움이 되지 않습니다. 상대방도 이런 반응이 얼마나 무의미한 것인지 잘 알기 때문입니다.

둘째, '반복적인 질문'입니다. 상대방의 말에 고개를 끄덕였지만 같은 질문을 계속 되풀이한다면, 제대로 듣고 있지 않다고 느낄 가능성이 높습니다. 이는 단순히 무례함을 넘어서 대화에 집중하지 않거나 관심이 부족한 태도로 비춰질 수 있어 관계에 악영향을 주기 쉽습니다. 내용을 정확히 파악하기 위해 하나의 주제에 대해 계속 질문하는 것과 상대방의 말을 건성으로 듣고 계속 같은 질문을 되풀이하는 것은 분명히 다릅니다. 전자는 이해를 위한 적극적인 소통의 일환이지만, 후자는 경청의 부재로 인한 실수로 받아들여질 수 있습니다.

셋째, '과한 추임새'입니다. "아, 네, 그렇군요" 같은 표현을 계속 반복하거나, 상대방의 말이 끝나기도 전에 끼어드는 것도 피해야 합니다. 예를 들어, "우와! 진짜요? 세상에! 어떻게 그런 일이!"처럼 말을 들을 때마다 과장된 반응을 보이거나, "맞아요, 맞아요, 저도요!"처럼 상대의 말마다 지나치게 맞장구를 치는 것은 오히려 불편함을 느끼게 합니다.

이러한 반응은 겉으로는 관심을 표현하는 듯 보일 수 있지만, 실제로는 대화를 방해하는 요소가 되기 쉽습니다. 지나친 감탄사나 과장된 반응은 상대방의 말을 진지하게 듣고 있지 않다는 느낌을 줄 뿐입니다. 심할 경우, 상대방은 자신을 가볍게 보고 있다는 느낌을 받을 수도 있습니다. 이는 신뢰를 쌓아야 할 대화에서 자칫 오해를 불러일으켜 관계를 어색하게 만들 수 있습니다.

프로는 듣는 법도 다르다

경청을 잘하기 위해서는 반드시 실천해야 할 3가지가 있습니다. 상대방의 말 끝까지 듣기, 집중하며 듣기, 메모하며 듣기입니다. 하나씩 자세히 알아볼까요?

첫째, '상대방의 말 끝까지 듣기'입니다. 상대방의 말을 중간에 끊지 않고 끝까지 듣는 것은 경청의 기본이자 예의입니다. 그런데 이 기본적인 예의를 지키지 않는 사람을 생각보다 자주 보게 됩니다. 상대방이 말하는 중간에 끼어드는 이유를 물어보면 대개 "끝까지 듣지 않아도 내용을 다 알 수 있기 때문"이라는 답이 돌아옵니다.

그런데 반드시 기억해야 할 게 있어요. 제아무리 똑똑하고 유능한 사람이라도 상대방의 말을 완벽하게 예측할 수는 없습니다. 게다가 상대방이 말하는 중간에 끼어들어 자신이 원하는 방향으로 대화를 정리해봤자 절약되는 시간은 고작 1~2분 정도에 불과합니다. 하지만 이런 행동은 상대방에게 자신이 무시당하고 있다는 인상을 줄 수 있습니다. 이는 관계에 부정적인 영향을 미칠 수밖에 없습니다. 상대방이 문제 해결에 도움이 되는 중요한 정보를 알고 있거나 해결책을 제시할 수도 있는데, 이런 경우에는 큰 손해가 되겠지요? 실제적인 이익이 없더라도 말을 끝까지 듣는 태도는 관계를 쌓고 대화를 하는 데 있어 무엇보다 중요합니다.

둘째, '집중하며 듣기'입니다. 집중하며 듣는다는 것은 단순히 말하는 내용에 귀 기울이는 것뿐만 아니라 듣는 태도까지 포함된 개념입니다. 대화를 하다가 스마트폰을 보거나 옷에 묻은 먼지를 떼어내는 등 딴짓을 한다면 상대방은 자신에게 관심이 없다고 느낄 수밖에 없습니다. 대화를 할 때 눈은 항상 상대방을 바라봐야 합니다.

상대방의 논리에 반박할 거리만 찾는 것도 대화에 집중하지 않는 태도입니다. 반박하더라도 먼저 말을 끝까지 듣고 난 후 논리적으로 접근해야 합니다. 제대로 듣지도 않고 반박하는 것은 단순히 억지를 부리는 것에 불과합니다.

여기서 잠깐. 상대방이 내 말에 집중하고 있는지 어떻게 알 수 있을까요? 간단합니다. 사람은 집중할 때 자연스럽게 상대방의 눈을 바라보고, 상대방이 말하는 속도에 자신의 리듬을 맞춥니다. 또한 몸의 중심을 상대방 쪽으로 살짝 기울입니다. 이런 행동이 보이지 않는다면 집중력이 떨어졌다고 봐도 무방합니다. 이때 다음과 같은 질문을 하면 보다 확실히 알 수 있습니다. "방금 말한 내용에 대해 어떻게 생각하세요?" 얼버무리거나 엉뚱한 대답을 한다면, 집중하지 않았다는 증거입니다. 이럴 때는 부드럽게 "함께 대화하는 자리이니 조금 더 집중해주시면 좋겠습니다"라고 유도합니다. 화를 내거나 무안을 주기보다는 대화를 보다 생산적인 방향으로 이끄는 것이 중요합니다.

셋째, '메모하며 듣기'입니다. 메모는 대화 내용을 오래도록 기억할 수 있는 최고의 방법입니다. 그렇다고 모든 내용을 받아 적을 필요는 없습니다. 핵심 단어 위주로 정리하면 충분합니다. 이해되지 않는 부분이나 다른 의견이 있으면 그것도 함께 기록합니다.

대화 내용을 듣기만 할 경우, 우리는 24시간이 지나면 단 5퍼센트 정도만 기억합니다. 그런데 메모를 하면 24시간이 지난 후에도 50퍼센트 정도 기억할 수 있습니다. 메모를 통해 반복학습하면 기억력은 90퍼센트까지 향상됩니다. 대화를 하다가 중요한 내용을 잊지 않고 싶다면 메모를 하면서 들어보세요. 메모를 활용하면 대화의 핵심을 놓치지 않고, 이를 바탕으로 최고의 해결책을 찾아낼 수도 있습니다.

1분 경청의 이점

경청의 이점은 한두 가지가 아닙니다. 특히 상대방과의 관계를 원활하게 하고, 대화의 질을 높이며, 대화를 통해 보다 나은 대안을 찾아내는 데 도움이 됩니다. 상대방의 말을 끝까지 듣는 것은 나이, 지위, 성별과 관계없이 기본적인 예의이자 존중의 표현입니다. 경청을 잘하는 사람은 자연스럽게 긍정적인 인상을 남기게 됩니다. 단 1~2분 귀 기울여 듣는 태도만으로도 신뢰를 쌓을 기회를 얻을 수 있습니다.

어렵게 느껴질 수도 있지만, 경청은 결국 상대방에 대한 존중과 배려, 그리고 예의만 갖춘다면 누구나 쉽게 실천할 수 있는 행동입니다. 좋은 대화는 경청에서 시작된다는 것을 기억하시기 바랍니다.

핵심 3문장

▶ 경청은 단순히 듣는 것이 아니라 상대방의 감정과 의도를 파악하고 피드백하는 능동적인 과정이다.
▶ 잘못된 경청 습관(기계적인 반응, 반복적인 질문, 과한 추임새)을 피하고 좋은 경청 습관(상대방의 말 끝까지 듣기, 집중하며 듣기, 메모하며 듣기)을 연습한다.
▶ 경청을 잘하면 신뢰를 형성하고, 대화의 질이 향상되고, 기억력이 증대되는 등 다양한 이점을 얻을 수 있다.

말 잘하는 사람 vs.
잘 말하는 사람

어떤 일을 해낼 수 있는 힘을 우리는 '능력' 혹은 '역량'이라 부릅니다. 사람마다 각기 다른 역량을 발휘하며 살아가고 있지만, 그중에서도 많은 이들이 갖기를 원하는 능력이 하나 있습니다. 바로 '말 잘하는 능력'이지요. 특정 직업군에 종사하는 이들에게뿐만 아니라 평범한 일상생활을 영위하는 우리 모두에게 말 잘하는 능력은 매우 중요한 가치를 지닙니다. 누군가와 관계를 맺고 소통할 때는 물론이고 토론이나 발표, 영업, 설득이 필요한 그 어떤 상황에서도 말하기는 핵심적인 역할을 하지요. 말솜씨가 좋으면 어느 모임에서나 관심을 한 몸에 받을 수 있어요. 살면서 말을 잘한다고 손해 볼 일은 거의 없지요.

그런데 우리가 흔히 착각하는 것이 있습니다. '말 잘하는 것'과 '잘 말하는 것'은 다르다는 점이에요. 말 잘하는 사람은 화려한 언변을 구사하고, 말 자체가 많습니다. 때로는 유창한 말솜씨에 감탄할 수도 있지만, 그 안에 실질적인 내용이 부족하다면 감정만 남고 메시지는 흐려질 수밖에 없습니다. 단순히 말을 많이 한다고 해서 누군가를 설득하거나 원하는 결과를 얻을 수 있는 것은 아닙니다. 너무 많은 말은 오히려 신뢰를 떨어뜨리거나 핵심을 흐리게 만들기도 합니다. 말이 길어질수록 듣는 이가 피로해져 중요한 정보가 전달되지 못한 채 흘러가버릴 위험도 커집니다. 반면, 잘 말하는 사람은 생각을 정리해서 핵심을 정확하게 전달합니다. 짧고 간결한 말 한마디가 오히려 깊은 울림을 주는 것이지요.

대화의 프로는 화려한 말솜씨보다 필요한 말만 간결하고 명확하게 전달하는 능력을 갖추고 있습니다. 무엇보다 상대방이 이해하기 쉽게 이야기합니다. 또한 신뢰를 바탕으로 자신이 원하는 방향으로 대화를 이끌어가는 힘이 있습니다.

이 책은 '말 잘하는 법'이 아니라 '잘 말하는 법'을 다룹니다. 단순히 유창하게 말하는 것이 아니라 생각을 정리해서 조리 있게 전달하는 능력, 즉 프로다운 소통을 위한 기술과 원칙을 배우는 것이 목표입니다. 다시 한번 강조하지만, 프로는 말 잘하는 사람이 아닙니다. 생각을 정리해서 핵심을 전달할 줄 아는 사람입니다.

말 잘하는 것과 잘 말하는 것은 다르다

'말 잘하는 사람'과 '잘 말하는 사람'에게는 2가지 공통점이 있습니다. 첫째, 상대방의 입장을 먼저 생각합니다. 말하기 전에 자신이 어떤 말을 어떻게 할지 고민하기보다는 상대방이 무엇을 궁금해할지 계산합니다. 즉, 무슨 이야기든 내가 하고 싶은 대로가 아니라 상대방이 이해하기 쉬운 방식으로 설계합니다. 둘째, 대화의 내용과 방향성이 명확합니다. 불필요한 이야기나 장황한 설명, 논리가 부족한 이야기는 대화의 흐름을 방해하므로 피합니다. 핵심을 분명히 하고, 말하는 방향이 목표와 일치하는지 늘 확인합니다.

이 같은 공통점에도 불구하고 '말 잘하는 사람'과 '잘 말하는 사람' 사이에는 본질적인 차이가 있습니다. 말 잘하는 것은 화려한 언변과 유창한 표현을 기반으로 상대방의 관심을 끌고 몰입하게 만드는 능력이라고 할 수 있습니다. 재치와 유머 감각이 필요하고, 돌발 상황에서의 임기응변도 뛰어나야 하지요. 이러한 능력은 방송 진행자, 아나운서, 행사 진행자, 예능 프로그램 출연자처럼 말 자체가 중요한 역할을 하는 직업군에 특히 필요합니다.

반면, 잘 말하는 것은 유창한 말솜씨보다 말의 구조가 중요합니다. 화술보다는 논리적이고 체계적인 화법이 요구되며, 말의 흐름과 맥락이 일정하면서도 방향성이 뚜렷해야 합니다. 무엇보다 내 말을 듣는 상대방과 생각을 얼마나 공유하고 연결할 수 있는지가 핵심입니다.

즉, 말 잘하는 것은 순간적으로 강한 인상을 만드는 능력이라면, 잘 말하는 것은 상대방과 신뢰를 형성하고 의미 있는 대화를 이어가는 능력이라고 할 수 있습니다.

잘 말하는 사람은 말을 설계한다

말솜씨만큼 중요한 게 있습니다. 바로 '말을 전달하는 방식', 즉 '말의 구조'입니다. 아무리 좋은 내용이라도 적절한 방식으로 전달하지 않으면 오해를 불러일으키거나 상대방의 몰입을 방해할 수 있습니다. 말의 구조에는 크게 3가지가 있습니다. 두괄식, 미괄식, 그리고 이 둘을 혼합한 양괄식입니다. 두괄식은 먼저 결론을 말하는 방식이고, 미괄식은 상황과 과정을 설명한 뒤 마지막에 결론을 덧붙이는 방식입니다. 예를 들어볼까요.

두괄식

여러분, 목표를 이루려면 시각화하세요. (결론)
성공한 사람들은 시각화를 실천합니다. 구체적인 단어로 표현하고, 이를 잘 보이는 곳에 붙여놓으면 효과가 있습니다. (설명)

미괄식
목표는 구체적인 단어로 표현해야 합니다. 그리고 잘 보이는 곳에 붙여놓고 매일 보면서 동기 부여를 해야 합니다. (설명)
목표를 시각화하면 원하는 바를 쉽게 이룰 수 있습니다. (결론)

두괄식은 상대방의 주의를 집중시키고 설득, 각인하는 것을 목적으로 합니다. 따라서 회의나 설명회 같은 공적인 자리나 보고서를 작성할 때 적합한 방법이지요. 이런 상황에서 미괄식으로 말하면 "그래서 결론이 뭐죠?", "핵심만 말하세요" 같은 지적을 듣기 쉽습니다.

반면, 미괄식은 흥미를 유발하고, 이해와 납득을 돕는 것이 목적입니다. 따라서 자유롭게 의견을 나누는 간담회, 워크숍, 가족이나 친구, 연인과의 사적인 대화에서 빛을 발합니다. 이런 상황에서 두괄식으로 말하면 듣는 사람들에게 '잘못 말했다가 헛소리한다는 비난을 받는 거 아냐?'라는 생각을 불러일으켜 자유로운 의견 개진을 어렵게 합니다.

양괄식은 말하려는 바를 분명히 각인시키는 데 도움이 됩니다. 말이 길어지다 보면 상대방의 주의가 흐트러질 수 있는데, 이런 경우 처음에 결론을 이야기하고 이야기의 마지막에 다시 한번 되풀이해서 정리해주면 상대방의 이해도를 높이는 데 크게 도움이 됩니다.

양괄식

여러분, 목표를 이루려면 시각화하세요. (결론)

목표를 시각화하는 것은 목표를 현실화하기 위한 첫걸음이라고 할 수 있습니다. 이때 목표는 구체적인 단어로 표현하는 게 중요해요. 그리고 잘 보이는 곳에 붙여놓고 매일 보면서 동기부여를 해야 합니다. 성공한 사람들은 목표를 명확하게 시각화해서 그것을 뇌에 각인시켰습니다. (설명)

이처럼 목표를 시각화하면 원하는 바를 이루는 데 큰 도움이 됩니다. (결론)

주어진 상황에 따라 적절한 방식으로 말하지 않으면 대화가 원활하게 이어지기 힘듭니다. 자유롭게 의견을 교환해야 하는 간담회 자리라면 어떤 식의 말하기가 필요할까요?

사회자: 내년에 진행할 봉사 활동에 대해 좋은 의견이나 아이디어 있으면 말씀해주세요.

A: 이전에 가본 적 없는 새로운 지역으로 가면 좋겠습니다.

B: 보육원이나 양로원 위주로 봉사 활동을 다녔는데, 이번에는 장애인 시설로 가보면 어떨까요?

C: 인원을 부서별로 몇 명씩 의무적으로 선발하는 것보다는 자율적으로 모집했으면 합니다.

이때 누군가가 이렇게 말합니다.

D: 지방이나 도서 산간 지역으로 봉사를 가면 늘어나는 시간과 이동 경비는 어떻게 충당하지요? 대책 있어요? 게다가 장애인 시설로 봉사 활동을 간다면 장애인과 장애인 시설에 대해 사전에 충분한 정보를 찾아봐야 하는데 누가 언제 어떻게 할 생각이죠? 계획 있어요? 자율 모집했다가 지원자가 없으면 어떻게 해결할 건가요?

D의 발언 이후, 간담회 분위기는 어떻게 됐을까요? D의 발언은 전형적인 두괄식 표현입니다. 자유로운 아이디어 교환이 필요한 회의에서 이런 방식은 적절하지 않습니다. D의 발언이 계속 이어질수록 사람들은 점점 경직되면서 아이디어를 제안하기보다는 검토부터 해야 하는 분위기가 형성될 수 있습니다. 즉, 아무리 좋은 이야기라도 상황에 맞지 않으면 대화의 흐름을 깨뜨릴 수 있으니 주의해야 합니다. 만약 D가 두괄식 대신 양괄식을 활용했다면 대화의 흐름은 어떻게 달라졌을까요?

D: 다양한 지역과 시설로 봉사 활동의 범위를 넓히자는 건 좋은 방향 같습니다. (긍정적인 시작)

그런데 몇 가지 고려해야 할 게 있습니다. 도서 산간 지역으로 봉사 활동을 갈 경우, 늘어나는 이동 시간과 경비 문제를 어떻게 해결할지 고민해봐야 합니다. 장애인 시설로 봉사 활동을 간다면 처음 가는 곳인 만큼 사전 정보 탐색이 필요할 텐데, 이를 어떻게 준비해야 할까요? (문제 제기)

그리고 혹시 지원자 모집 방식이나 사전 준비와 관련해서 다른 의견이 있을까요? (의견 요청)

같은 내용이지만 양괄식으로 표현하면 대화의 흐름이 부드럽게 이어지며 논의를 생산적인 방향으로 이끌 수 있습니다. 청중과의 상호작용이 필요한 상황이라면, 두괄식과 미괄식을 적절히 혼합한 양괄식을 고려해보세요. 좋은 선택지가 될 겁니다.

상황에 맞는 방식으로

말솜씨에 정형화된 형식이 있는 것은 아닙니다. 다만, 대화의 목적과 상황에 따라 적절한 방식을 선택해야 합니다.

- 설득이 필요한 상황에는 두괄식을 활용한다.

- 이해와 공감이 중요한 상황에는 미괄식을 사용한다.
- 청중과의 교감을 이끌어내야 할 때는 양괄식을 고려한다.

잘 말하는 능력은 누구나 조금만 신경 쓰면 충분히 향상시킬 수 있습니다. 프로는 말솜씨를 뽐내는 사람이 아니라 상황에 맞게 효과적으로 말하는 사람입니다.

> **핵심 3문장**
>
> ▶ 말 잘하는 것은 유머와 임기응변으로 흥미를 끄는 능력이고, 잘 말하는 것은 논리적이고 명확하게 전달하는 능력이다.
> ▶ 상황에 따라 두괄식(결론 먼저), 미괄식(설명 후 결론), 양괄식(혼합)을 적절히 활용한다.
> ▶ 단순히 말 잘하는 것보다 목적과 상황에 맞게 잘 말하는 능력을 키우는 것이 중요하다.

대화를 이어주는 질문법

대화를 나눌 때 우리는 종종 '어떻게 하면 좀 더 의미 있는 대화를 할 수 있을까?' 고민합니다. 막연한 이야기로 시간을 낭비하거나 서로의 의도를 제대로 이해하지 못한 채 엇갈린 대화를 해본 경험이 있을 겁니다. 그런데 흥미롭게도 질문을 하는 간단한 행동만으로도 이런 문제를 쉽게 해결할 수 있습니다.

좋은 질문은 궁금증을 해소하고 원하는 정보를 얻어내는 것을 넘어 대화를 깊이 있고 생산적인 방향으로 이끕니다. 이는 질문이 대화 연결자, 문제 해결자, 그리고 방향 설정자라는 3가지 중요한 역할을 동시에 수행하기 때문에 가능합니다.

정보를 끌어내는 가벼운 질문들

처음 만난 사람과 대화하는 것은 누구에게나 쉽지 않은 일입니다. 어색한 침묵이 흐르는 가운데 어떻게 해야 할지 알 수 없어 당황스럽기만 합니다. 상대방이 나에게 전혀 관심이 없거나 질문에 단답형으로만 답하면 더 난감해집니다. 이런 상황이 계속되면 대화가 끊기고 불편함만 남지요. 하지만 걱정할 것 없습니다. 질문을 적절히 활용하면 어떤 사람과도 자연스럽게 대화를 이어갈 수 있습니다.

질문은 단순히 정보를 얻는 도구가 아니라 상대방과의 관계를 형성하는 중요한 매개체입니다. 예를 들어볼까요.

A: 안녕하세요. 반갑습니다. 식사는 하고 오셨나요?
B: 네, 먹었습니다. 멀리서 오신다고 들었는데 차는 안 막히던가요?
A: 저도 그럴 줄 알았는데 생각보다 빨리 도착했어요. 그런데 주차할 곳이 별로 없더라고요. 어떻게 하셨어요?
B: 아, 저는 택시 타고 왔어요. 차 한잔하셔야죠. 뭘로 드실래요?

이처럼 가벼운 질문을 몇 가지 주고받는 것만으로도 첫 만남의 어색함을 해소하고 원만하게 대화를 이어나갈 수 있습니다. 질문은 상대방에게 진지하게 관심을 가지고 있음을 표현할 수 있는 방법입니다. 질문을 받고 답변하는 과정에서 서로에 대한 이해가 깊어지고 자연스럽게 관계가 형성되는 것이지요.

그뿐만 아니라 질문은 문제를 해결하는 데도 큰 역할을 합니다. 우리는 종종 선택의 기로에 서서 고민에 빠집니다. "둘 중 뭘 살까?", "오늘 점심은 뭐 먹지?", "무슨 요일에 출발할까?" 같은 사소한 고민부터 중요한 의사결정까지 질문은 우리를 도와줍니다. 선택의 기로에 섰을 때는 다음과 같은 질문을 던져보세요.

- 지금 가장 필요한 것은 무엇인가요?
- 당신에게 가장 중요한 것을 하나만 고른다면 무엇인가요?
- 출발하기 전에 먼저 해야 할 다른 급한 일이 있나요?

이런 질문을 통해 우리는 복잡한 문제를 단순화해 선택의 우선순위를 정하고 이를 바탕으로 합리적인 결정을 내릴 수 있습니다. 더 나아가 질문은 대화의 방향을 설정하는 역할도 합니다.

종종 자신이 원하는 것을 명확하게 표현하지 못하는 사람들을 봅니다. "저는 느낌적인 느낌을 줄 수 있는 그런 것을 원합니다.", "아주 화려하고 심플한 스타일로 해주세요.", "남들 다하는 뻔한 거 말고 좀 신선하면서도 검증된 방법으로 해야죠." 이런 표현들은 상대방을 혼란스럽게 만들 뿐입니다. 이럴 때는 다음과 같은 질문을 던져보세요.

- 느낌적인 느낌이라는 표현이 잘 와닿지 않는데, 좀 더 구체적으로 이야기해주실 수 있을까요?
- 화려하면서도 심플한 스타일의 예시가 있다면 어떤 게 있을까요?
- 신선함과 검증됐음은 동시에 충족하기 어려운 기준이에요, 그중 하나를 선택해야 한다면 무엇을 더 중요하게 생각해야 할까요?

이처럼 질문을 통해 애매모호한 표현을 정리하면 최적의 방향을 설정할 수 있습니다.

촌철살인, 핵심을 찌르는 질문들

때와 상황에 맞는 적절한 질문을 하기 위해서는 부분이 아닌 전체를 볼 줄 아는 눈이 필요합니다. 같은 상황이라도 부분과 전체, 어느 쪽에 집중하느냐에 따라 해석과 과정, 결과가 모두 달라지기 때문이지요. 촌철살인寸鐵殺人이라는 말로 표현되는, 간단하면서도 핵심을 찌르는 질문은 눈에 보이는 현상에 매몰되지 않고 본질에 집중해야 던질 수 있습니다.

업무용 차량을 구입하기 위해 의견을 주고받는 상황이라고 가정해봅시다. "이번에 업무용 차량을 한 대 사야 하는데 승용차가 좋을까요, SUV가 좋을까요? 의견 부탁드립니다." 이 요청을 부분적으로 보면 차량 각각의 장단점을 먼저 이야기하게 됩니다. 그런데 전체를 보면 어떤 이야기를 하게 될까요? "승용차냐 SUV냐를 결정하기에 앞서 차량을 구입하는 데 예산을 얼마나 쓸 수 있는지, 차량을 구입하는 목적이 의전용인지 출장용인지 짐을 옮기기 위한 용도인지 먼저 짚고 넘어가야 하지 않을까요? 차량의 종류, 브랜드, 색상, 결제 방법 같은 세부 사항은 그 이후에 논의해도 괜찮을 것 같습니다. 어떻게 생각하시나요?" 이런 질문이 나올 수 있습니다.

다른 예를 들어볼까요. 회의 중 "이번 프로젝트는 A팀과 B팀이 동시에 실행하는 것보다는 한 팀이 맡아서 진행하면 좋겠는데, 다들 어떻게 생각하시나요?"라는 질문이 나왔습니다. 이런 경우에도 역시 보는 시각에 따라 던지는 질문이 달라집니다. 부분을 보면 어느 팀이 더 잘할 수 있는지, 혹은 시간과 여유가 있는지 따져 묻겠지요. 전체를 보면 이렇게 질문할 수 있습니다. "두 팀 모두 프로젝트를 진행할 때 예상되는 장단점이 있습니다. 해당 프로젝트에 전문성과 경험을 가졌는지 여부를 바탕으로 태스크포스

팀을 꾸리는 것은 어떨까요?" 혹은 "이 두 팀보다 성공 가능성이 더 높은 다른 팀은 없을까요?" 같은 또 다른 대안을 요구하는 질문을 할 수도 있습니다.

열린 질문과 닫힌 질문

질문을 하는 데도 요령이 필요합니다. 무작정 질문을 던진다고 되는 게 아닙니다. '열린 질문'과 '닫힌 질문'을 적절히 섞어 사용할 줄 아는 지혜가 필요합니다. 그렇다면 열린 질문은 무엇이고 닫힌 질문은 무엇일까요?

열린 질문은 응답자가 자유롭게 자신의 생각과 의견을 표현할 수 있으며, 대답이 길어지거나 다른 주제로 뻗어나갈 여지가 있는 질문입니다. 반대로 닫힌 질문은 답변이 제한됩니다. "그 영화 봤어?" "언제 어디서 봤는데?" "누구랑?" 이런 것이 닫힌 질문입니다. 주로 육하원칙 중 '언제, 어디서, 누가'에 해당하는 질문으로, 이에 대한 대답은 모두 간단명료할 수밖에 없습니다. 육하원칙 중 '왜, 어떻게'에 해당하는 항목은 반대로 열린 질문이라고 할 수 있습니다. 육하원칙 중 '무엇을'은 열린 질문, 닫힌 질문 모두 가능합니다.

2가지 유형의 질문 중 어느 쪽이 더 좋고 어느 쪽이 더 나쁘다고는 이야기하기는 어렵습니다. 다만 주제에 대해 더 자세히, 다양하고 길게 대화할 필요가 있다면 열린 질문 위주로, 명확한 목적에 따라 효율을 높이고자 한다면 닫힌 질문 위주로 접근하는 것이 좋습니다.

핵심 3문장

▶ 좋은 질문은 대화를 연결하고, 문제를 해결하며, 방향을 설정하는 강력한 도구다. 또한 상대방의 관심을 유도하고, 선택을 돕고, 모호한 개념을 명확히 한다.

▶ 촌철살인 질문을 하기 위해서는 본질에 집중해야 한다. 부분이 아닌 전체를 보고, 핵심을 찌르는 질문으로 논의의 방향을 효과적으로 이끌어야 한다.

▶ 상황에 맞게 열린 질문과 닫힌 질문을 활용해야 한다. 열린 질문은 깊이 있는 대화를 유도하고, 닫힌 질문은 명확한 답을 얻는 데 효과적이다.

관계 온도를 높여주는, 공감 전략

　이 책을 쓰게 된 이유이자 이 책을 아우르는 주제는 바로 '소통'입니다. 소통을 잘하기 위해서는 다양한 능력이 필요한데, 그 중 딱 하나만 꼽으라면 저는 '공감'을 들겠습니다. 실제로 가족, 친구, 연인, 직장 동료 등 누구와 대화하든 공감만 잘해줘도 소통은 원활해집니다. 공감을 자주 경험하는 관계일수록 긍정적인 감정과 정서적 몰입도는 높아집니다. 격려, 기쁨, 편안함, 위안 같은 긍정적인 감정은 커지고 불안, 두려움, 슬픔 같은 부정적인 감정은 줄어들면서 안정감을 느끼게 되는 것이지요. 스트레스에 대한 적응력도 향상됩니다.

이처럼 누구나 그 가치를 알지만 구체적으로 어떻게 해야 공감을 얻을 수 있는지 그 방법을 물으면 막연해하거나 쉽게 답하지 못하는 경우를 자주 봅니다. 따뜻한 눈빛과 온화한 표정, 부드러운 말투로 말하며 무작정 고개를 끄덕인다고 해서 상대방과 공감이 이뤄지진 않는다는 것을 경험적으로 알고 있기 때문입니다. 공감에도 기술이 필요합니다. 상대방이 누구인지, 어떤 상황에 놓여 있는지에 따라 공감하는 방식은 달라져야 합니다.

공감은 단순한 감정적 반응이 아니라 관계를 발전시키는 중요한 요소입니다. 효과적으로 공감하기 위해서는 감정적으로 접근할 뿐만 아니라 이해를 바탕으로 논리적인 측면에서 적극적으로 대응할 필요가 있습니다.

공감의 3원칙

공감의 효과를 최대한 끌어내려면 어떻게 해야 할까요? 3가지 원칙이 있습니다. 조언하지 않기, 감정 이입하기, 경청하기입니다. 하나씩 자세히 살펴보겠습니다.

첫째, '조언하지 않기'입니다. "이렇게 하면 더 쉽게 해결할 수 있다", "그렇게 하면 안 된다"는 식의 대화로는 공감을 이끌어 내기 어렵습니다. "너는 그게 문제야", "그렇게 좀 하지 마" 등 비난이나 비하가 섞이면 도리어 관계를 망칠 수 있습니다. 조언하기보다는 상대방이 자신의 감정을 충분히 표현하도록 도와줘야 합니다.

둘째, '감정 이입하기'입니다. 이입이란 상대방의 입장에 서 보는 것입니다. 역지사지易地思之의 마음으로 상대방이 처한 상황과 환경, 감정과 기분, 생각까지 상상해보세요. 상대방의 입장에 나를 대입해보면 어떤 생각이 들까요? 억지로 애쓰지 않아도 "와, 정말 힘들었겠다", "그 사람 너무하네", "그래서 어떻게 됐어?" 같은 공감의 말들이 자연스럽게 나올 겁니다.

셋째, '경청하기'입니다. 경청은 공감을 표현하는 최고의 기술입니다. 상대방의 말을 중간에 끊지 말고 끝까지 집중해야 합니다. 여기서 '듣는다'의 기준은 10 대 1입니다. 상대방이 열 마디 하는 동안 한 마디 정도만 거든다는 생각으로 들으면 됩니다. 말뿐만 아니라 몸짓, 표정 등 비언어적 표현에도 세심하게 주의를 기울여야 합니다. 상대방의 감정 변화를 감지하고 이에 맞춰 반응하는 것이 진정한 경청의 태도입니다.

마음을 여는 상황별 공감 전략

공감이 필요한 상황은 크게 3가지로 나눌 수 있습니다. 기쁜 일을 축하해주는 상황, 슬픈 일을 위로해주는 상황, 고민 있는 사람의 이야기를 들어주는 상황입니다. 공감은 '좋다, 나쁘다', '맞다, 틀리다' 같은 접근 방식이 아니라는 점을 기억하면서 각각의 상황에 대해 구체적으로 알아보겠습니다.

기쁜 일이 있는 사람에게는 인정과 칭찬만큼 좋은 공감 방법이 없습니다. 다만 "잘됐네. 축하해"라고 건성건성 말하는 것보다는 말하는 이의 마음을 담은, 깊이 있는 공감이 필요합니다.

지인이 오랫동안 준비한 시험에 합격했다면 의례적인 축하 인사를 건네기보다는 "열심히 준비하더니 좋은 결과를 얻었구나", "너라면 꼭 합격할 줄 알았어", "이제 원하는 곳에 취업도 잘 될 거야" 같은 맞춤형 말이 더 큰 반응을 끌어냅니다. 평소 갖고 싶어 하던 자동차를 마침내 산 지인에게는 "좋겠네. 부럽다" 같은 말보다는 "그렇게 갖고 싶어 하더니 드디어 그 자동차를 샀구나! 정말 애썼다", "저축을 열심히 하더니 결국 해냈구나. 너처럼 해야 성공하는 건가 봐"라고 듬뿍 칭찬을 해줍니다. 이처럼 상대방의 노력과 성취를 인정하는 칭찬은 큰 효과를 발휘합니다.

슬픈 일이 있는 사람에게는 위로하는 지지와 응원의 공감이 필요합니다. 어렵고 힘든 일을 겪고 있거나 헤쳐나온 사람에게는 단순히 "힘내"라고 말하는 것보다는 마음을 담은 지지와 응원이 더 큰 힘이 됩니다. "자책하지 마. 네 탓이 아니야." "지금은 힘들겠지만 분명히 잘될 거야." "이겨낼 수 있을 거야." 이렇듯 마음을 담은 긍정적인 메시지는 듣는 이에게 큰 힘이 됩니다. 승진에서 탈락한 동료에게 "다음 기회를 노려보자", "절이 싫으면 중이 떠나야지" 같은 말을 해봤자 위로가 될 리 없습니다. 그보다는 "회사가 사람 볼 줄 모르네", "너 같은 사람이 승진하지 않으면 누가 승진하겠어?" 같은 긍정적인 지지와 응원을 해주는 것이 더 적절합니다. 상대방이 무엇을 필요로 하는지 파악하고 이를 제안하는 것도 도움이 됩니다.

마지막으로 고민을 들어주는 호응의 공감이 있습니다. 상대방의 고민을 들어줄 때는 섣불리 해결책을 제시하기보다는 먼저 호응해주는 것이 중요합니다. 이런 상황에서 상대방의 말을 반복하며 되짚어주는 '백트래킹 Backtracking' 기법은 특히 큰 효과를 발휘합니다. 졸업을 앞둔 친구가 진로에 대해 고민하고 있다면 "1, 2학년 때 뭐하고 이제 와서 그래?", "되는 대로 다 해봐"라고 해봤자 전혀 도움이 되지 않습니다. 그보다는 "진로 고민 어렵지. 나도 정말 헷갈려", "뭘 해야 할지 몰라서 더 고민되는 거지?"라고 말하는 게 훨씬 더 효과적입니다. 결혼을 앞두고 고민하는 친구에게 "벌써 3년이나 만났는데 이제 와서 고민한다고?"라고 반응하기보다는 "결혼을 진지하게 고민하는 건 현명한 행동이야", "마음이 시키는 대로 하면 돼" 같은 말로 공감해주는 편이 더 좋습니다.

진정한 공감은 나를 드러내고 주장하는 것이 아니라 상대방의 입장에서 생각하는 노력에서 시작됩니다. 효과적으로 공감하기 위해서는 상대방이 원하는 것이 무엇인지 정확히 파악하고 적절한 방식으로 반응해야 합니다. 그러는 과정에서 대화의 질이 높아지고, 상대방과의 관계도 깊어집니다.

핵심 3문장

- 공감은 단순히 감정을 표현하는 것이 아니라 관계를 발전시키는 기술이다. '조언하지 않기', '감정 이입하기', '경청하기'를 기억하자.
- 상황에 따라 적절한 방식으로 공감해야 한다. 축하할 땐 인정과 칭찬을, 위로할 땐 지지와 응원을, 고민을 들어줄 땐 호응과 백트래킹을 활용하면 효과적이다.
- 진정한 공감은 나를 드러내기보다 상대방이 원하는 것이 무엇인지 파악하고 적절한 방식으로 반응하는 데서 시작된다.

한 끗 차이가
진정성을 결정한다

힘들고 고된 삶에 따뜻한 위로의 한마디는 큰 힘이 되어줍니다. 바로 말이 가진 힘이지요. 그런데 위로라고 해서 모두 다 힘이 되는 것은 아닙니다. 한 예능 프로그램에서 다음과 같은 장면을 본 적 있습니다. 잘못된 위로와 관련해서 큰 시사점을 안겨주었지요. 정규직 전환 심사에서 탈락한 인턴 사원이 쓸쓸히 짐을 챙기고 있는데 상사가 다가와 위로를 건넵니다. "괜찮아. 힘내. 아프니까 청춘이지." 그러자 인턴 사원이 화를 내며 되묻습니다. "아프면 환자지 왜 청춘입니까?" 서툰 위로는 상대방에게 위로가 되기는커녕 오히려 더 큰 상처를 남기기도 합니다.

상대방을 위로할 때 반드시 피해야 하는 표현이 있습니다. 바로 "힘내"라는 말입니다. "힘내"라는 말 한마디에 힘이 날 수 있었다면 애초에 지치지도 않았을 겁니다. 진정 상대방을 위로해주고 싶다면 딱 2가지만 기억하면 됩니다.

- "힘내"라는 말 대신 공감의 언어를 사용할 것
- 위로에 앞서 진심 어린 공감을 먼저 표현할 것

"힘내" 대신 할 수 있는 말

힘들어하는 사람을 보면 우리는 습관적으로 "힘내"라는 말을 건넵니다. 물론 걱정과 응원의 마음에서 하는 말이지만, 정작 듣는 사람에게는 별반 도움이 되지 않습니다. 도리어 '나는 매일 최선을 다하고 있는데, 더 이상 어떻게 힘을 내라는 거지?', '내 노력이 부족하다는 걸까?', '나만 나약한 사람인 것 같아' 등 부정적인 생각을 불러일으킬 뿐입니다. "힘내"라는 말은 위로가 아니라 오히려 부담이 되기 쉽습니다. 오랫동안 감정을 억눌러온 사람이라면 그 말 한마디에 분노를 표출하거나 허탈감을 느낄 수도 있지요.

위로는 어떻게 해야 되는 걸까요? "힘내" 대신 "많이 힘들지? 수고했어", "넌 정말 열심히 하고 있어", "충분히 잘해왔어. 분명히 잘될 거야"라고 말해보세요. 이런 말들은 현재 상대방이 처한 상황과 감정에 공감하고 있다는 느낌을 주기 때문에 큰 위로가 됩니다. "나는 네 편이야. 나는 너를 응원하고 지지해." 진정한 위로는 바로 이런 메시지를 전달해야 합니다.

물리적인 따뜻함을 전하는 것도 좋은 위로 방법입니다. 이를 '핫 드링크 효과 Hot Drink Effect'라고 합니다. 방법은 간단합니다. 따뜻한 차 한 잔을 건네고 천천히 대화를 시작합니다. 주변 공간의 온도를 1~2도 높여 따뜻한 분위기를 조성하고, 안정감을 느낄 수 있도록 쿠션이나 무릎담요를 건네는 것도 도움이 됩니다. 이런 사소한 배려가 위로의 효과를 더욱 높여줍니다. 한마디 말보다 몸으로 느껴지는 따뜻함이 훨씬 위안이 될 수 있습니다.

공감이 빠진 위로는 공허하게 들린다

공감은 마음을 여는 열쇠입니다. 힘든 일을 겪고 있는 사람은 무엇보다 상대방이 자신을 이해해주기 바랍니다. 자신이 느끼고 있는 감정이 잘못된 것이 아님을 확인받고 싶은 것이지요. 공감은 그 감정을 있는 그대로 받아들이고 인정해주는 데서 시작됩니다. 공감 없이 건네는 위로의 말은 상대방의 마음을 울리기는커녕 반감을 불러일으키기 쉽습니다. 영혼 없이 내뱉는 "그 정도면 괜찮아"라는 말은 오히려 무시당했다는 느낌을 줄 수도 있습니다. 한마디로 공감은 상대방이 위로를 받아들일 수 있게 만들어주는 마중물인 것이지요. 그렇다면 공감을 통해 상대방을 위로하기 위해서는 어떻게 해야 할까요? 기다려주기, 지지하기, 눈 맞추기 3가지 방법이 있습니다.

첫째, '기다려주기'입니다. 먼저 듣고, 조언은 나중에 합니다. 아무리 좋은 해결책이 떠올라도 상대방의 말이 끝나기 전에는 절대 먼저 이야기해서는 안 됩니다. 자신의 마음을 충분히 털어놓을 수 있도록 기다려주는 것이 먼저입니다. 상대방이 자신의 힘든 마음을 이야기하는데 중간에 말을 끊고 "이럴 땐 이렇게 하면 돼", "인생이 원래 그런 거야", "나도 그런 적 있었어"라며 해결책을 제시하려는 사람들을 자주 봅니다. 그런데 이런 태도는 도움이 되기보다는 도리어 큰 스트레스를 줄 수 있습니다. 차라리 아무 말 없이 이야기가 끝날 때까지 가만히 들어주는 것이 훨씬 낫습니다. 만약 가만히 듣고만 있는 게 어색하게 느껴진다면 중간중간 "그렇구나……", "어떻게 해야 좋을까?" 같은 적절한 추임새를 넣어가며 함께 고민하는 태도를 보이는 것이 좋습니다.

그렇다면 언제 조언해주는 것이 좋을까요? 정답은 상대방이 원할 때입니다. 상대방이 먼저 "혹시 좋은 방법이 있을까?"라고 묻거나 "고마워. 너한테 이야기하니 한결 낫네"라고 말한 다음 조언을 청할 때까지 기다렸다가 조심스럽게 조언을 건네야 합니다. 상대방이 원하지 않는다면 굳이 조언을 해주지 않아도 괜찮습니다. 진정한 위로는 조언이 아니라 경청하는 태도가 결정합니다.

둘째, '지지 반응 보여주기'입니다. 상대방을 지지하는 말을 할 때는 자칫 잘못하면 나르시시즘의 함정에 빠질 수 있으니 이를 경계해야 합니다. 표면적으로는 "지지하고 있다"고 말하지만 그 속에 자기 자랑, 자기 감정, 자기 정당화가 숨어 있으면 듣는 사람은 오히려 위축되거나 소외감을 느낄 수 있어요. 이런 표현은 진심으로 상대방을 위하는 말이 아니라 '자신의 좋은 사람됨'을 드러내기 위한 말입니다. 자기 만족을 위한 말, 즉 감정적 나르시시즘에 불과한 것이지요.

대화에 따른 반응은 대개 2가지로 구분할 수 있습니다.

- 지지 반응 : 정말 힘들었겠구나. 그런 상황이면 누구라도 고민이 될 것 같아.
- 전환 반응 : 그게 뭐가 힘들어? 나는 이런 적도 있었어.

전환 반응은 상대방을 위로하는 게 아니라 도리어 지치게 합니다. 그럼에도 불구하고 많은 사람이 무의식적으로 대화의 초점을 '나'에게 돌리는 모습을 보입니다. 이를 '대화 나르시시즘'이라고 해요. 진정 위로하고 싶다면 자신의 경험을 이야기하는 것이 아니라 먼저 상대방의 감정을 지지해줘야 합니다. "정말 힘들었겠다." 이 한마디면 충분합니다.

마지막으로 100마디 말보다 힘이 강한 '눈 맞추기'입니다. 대화를 하면서 우리는 말로만 의미와 감정을 전달하지 않아요. 표정, 몸짓, 손짓 같은 비언어적 요소도 함께 활용하지요. 사람은 말을 듣기 전에 먼저 상대방의 표정, 시선, 몸짓을 인식합니다. 그중에서도 눈 맞춤은 가장 직관적으로 감정을 전달하는 방법이에요. 눈 맞춤은 또한 신뢰, 관심, 존중, 감정 동기화를 보여주는 강력한 위로의 도구이기도 합니다.

누군가가 나를 바라보며 이야기를 들을 때, 우리는 '이 사람이 내 말에 집중하고 있구나', '내 마음을 이해하려고 애쓰고 있구나' 하는 느낌을 받습니다. 그 순간 우리는 말보다 더 깊은 위로를 경험합니다. 나를 지그시 바라보는 상대방의 눈빛은 말을 대신해 진심을 전하며, 마음의 온도를 나누는 창이 되어줍니다.

같은 말을 하더라도 시선을 피하거나 스마트폰만 바라보는 모습은 무관심하게 느껴지기 쉽습니다. 이런 태도를 보이면서 "힘들지? 수고했어"라고 말해봤자 위로받기는커녕 서운함만 커질 뿐입니다. 반대로, 진심 어린 눈 맞춤과 함께 고개를 끄덕이고 적절히 호응해준다면 어떨까요? 말의 내용뿐 아니라 내면의 감정까지 공감받고 있다는 느낌이 들 겁니다.

대화할 때 상대방의 눈을 바라보는 것은 위로의 표현이기 이

전에 가장 기본적인 예의이기도 합니다. 눈 맞춤과 함께 보여주는 진심 어린 반응은 때로 말보다 깊은 위로를 전달해줍니다. 눈은 감정을 드러내는 창입니다. 눈 맞춤은 우리가 상대방의 감정과 연결되고 있다는 무언의 증거이며, 공감 대화의 진정성을 높여주는 중요한 기반입니다.

핵심 3문장

- "힘내"라는 말 대신 공감의 언어를 사용한다. 무엇보다 먼저 상대방의 감정을 인정하는 것이 중요하다.
- 위로의 핵심은 공감이다. 기다려주기, 지지 반응 보이기, 눈 맞추기를 활용하면 효과적이다.
- 따뜻한 차 한 잔을 건네거나 안정감을 주는 행동을 하는 등 비언어적인 요소도 위로의 강력한 도구가 된다.

사과는 말이 아니라
태도로 하는 것

　우리는 누구나 실수를 합니다. 새삼스러운 이야기이지만, 세상에 완벽한 사람은 없습니다. 평소에는 별문제 없이 지나갈 수 있지만 내 실수로 인해 누군가가 피해를 입거나 감정적으로 상처를 받았을 때 우리의 실수는 큰 문제가 됩니다. 이럴 때 어떻게 사과해야 관계를 회복할 수 있을까요?

　사과는 "미안합니다"라는 말 한마디를 건넨다고 되는 게 아닙니다. 진정한 사과는 말이 아니라 태도로 표현됩니다. 자신의 실수를 인정하고, 그로 인해 상대방이 받은 상처를 이해하며, 화해와 용서를 구하는 진심 어린 태도가 동반되어야 하는 것이지요.

"말 한마디로 천 냥 빚을 갚는다"라는 속담처럼 제대로 된 사과는 상황을 반전시키는 힘이 있습니다. 반대로 잘못된 사과는 없는 빚도 만들어 낼 수 있습니다. 의도한 바와 다르게 마음이 잘못 전달되거나 상대방의 감정을 자극해서 더 큰 다툼으로 이어지는 경우가 적지 않습니다.

그렇다면 어떻게 해야 상대방이 진심으로 느끼고 받아들일 수 있는 사과를 할 수 있을까요? 3가지만 기억하면 됩니다. 바로 '즉시 사과하기', '나 전달법(I 메시지) 사용하기', '화해와 용서를 강요하지 않고 기다리기'입니다.

타이밍이 중요하다

사과를 할 때 가장 중요한 것은 타이밍입니다. 사과는 타인의 감정을 읽는 일입니다. 상처를 받고 나면 누구나 감정이 격해지게 마련입니다. 상대방이 흥분을 가라앉히고 받아들일 준비가 된 뒤에야 나의 진심이 전해집니다. 너무 이른 사과는 '이 상황을 빨리 끝내고 싶어서 그러는 거지?'라는 불신을 불러일으키고, 너무 늦은 사과는 '이제 와서 갑자기 왜?'라는 냉소를 초래할 뿐입니다. 좋은 사과는 '적절한 타이밍'에, 상대방의 '감정을 읽고', '진심을 담아야' 합니다.

그런데 상대방의 격앙된 감정이 좀처럼 가라앉지 않는다면 어떻게 해야 할까요? 섣불리 사과했다가는 오히려 화를 돋울 수 있습니다. 상대방이 제대로 들으려 하지 않을 수도 있어요. 그렇다고 해서 무작정 사과를 미루는 것은 정답이 아닙니다. 최소한 내가 사과할 의사가 있으며, 사과할 준비가 되어 있다는 것을 상대방에게 알려줘야 합니다. "지금은 감정이 많이 상한 것 같아요. 그렇지만 저는 분명히 사과하고 싶습니다. 죄송합니다"라고 차분하게 이야기해보세요.

사과해야 하는 상황에 종종 자신의 사정을 먼저 설명하는 사람들이 있습니다. "사실 나는 그런 의도가 아니었어." "그때는 어쩔 수 없는 상황이었어." 이렇게 말하며 자신을 변호하는 것이지요. 이런 말들은 핑계처럼 들릴 뿐입니다. 사과하기 전에 장황한 설명이 이어지면 그 어떤 말도 변명처럼 들릴 수밖에 없습니다. 심지어 사과하는 행동 자체가 상황을 회피하는 시도라는 느낌을 줄 수도 있습니다. 가장 중요한 것은 먼저 자신이 잘못했음을 군말 붙이지 않고 깨끗하게 인정하는 것입니다. 설령 피치 못할 사정이 있었더라도 무엇보다 먼저 "죄송합니다", "제가 실수했습니다"라는 말을 해야 합니다.

'네가'가 아니라 '내가'로 사과하라

우리는 보통 사과를 할 때 "너를 속상하게 해서 미안해", "네가 그렇게 느꼈다면 미안해" 같은 표현을 사용합니다. 그런데 이런 말은 상대방에게 책임을 돌리는 것 같은 느낌을 줍니다. 이런 말은 '네가 그렇게 느낀 거지 내가 그렇게 하려던 건 아니었어'라는 뜻으로 들릴 수 있습니다. 진정한 사과는 나의 행동을 인정하고, 그로 인해 상대방이 어떤 감정을 느꼈을지 공감하는 것에서 시작됩니다. 이런 상황에서 효과적으로 사용할 수 있는 것이 바로 '나 전달법(I 메시지)'입니다.

'나 전달법'은 상대방에게 책임을 돌리는 것이 아니라 내가 느낀 감정을 솔직하게 표현하고 나의 잘못을 인정함으로써 그에 대한 책임을 지겠다는 의지를 보여줄 수 있는 대화법입니다. 예컨대, "제가 그 부분까지 미처 생각하지 못했습니다. 정말 죄송합니다"처럼 자신의 부족함을 인정하며 사과하면 방어적인 설명을 늘어놓는 것보다 진심이 훨씬 더 잘 전달됩니다. "제 불찰입니다. 좀 더 신중했어야 하는데 그러지 못해 죄송합니다"처럼 말함으로써 책임을 회피하지 않고 자신의 역할을 받아들이는 태도를 보여주는 것도 좋습니다. 때로는 감정이 앞서 실수를 할 수도 있습니다. 그럴 때는 "순간적으로 욱하는 바람에 상처가 될 말을 해버린 게 너무 후회됩니다"라고 솔직하게 털어놓는 것이 관계 회복에 도움이 됩니다.

이처럼 '나'를 주어로 한 표현은 진심을 전달하는 데 효과적입니다. 반대로 "네가 예민해서 그런 거야", "너는 그렇게 느낄 수도 있겠네" 같은 표현은 상대방을 더욱 화나게 할 뿐입니다. '나 전달법'은 자신의 감정을 책임감 있게 표현함으로써 비난 없이 진심을 전달하고 갈등을 완화시킵니다. 상대방이 공격받는 느낌 없이 대화를 이어나갈 수 있게 하기 때문이지요. 좋은 사과는 책임을 밀어내지 않습니다. '너'가 아닌 '나'를 주어로 이야기할 때 진심이 전해집니다.

진정한 사과는 용서를 강요하지 않는다

사과하고 나면 상대방이 용서해주길 기대하게 됩니다. 그런데 기억해야 할 게 있어요. 사과는 나의 몫이지만, 용서는 상대방의 몫입니다. 사과했다고 해서 상대방이 곧바로 용서해줘야 하는 법은 세상에 없습니다. 상대방이 나를 용서하는 데는 하루가 걸릴 수도 있고, 일주일이 걸릴 수도 있으며, 어떤 경우에는 아무리 시간이 지나도 용서할 수 없는 경우도 있습니다. 어떤 경우든 상대방에게 화해와 용서를 강요하는 실수를 저질러선 안 됩니다.

예를 들어, "이만큼 사과했으면 이제 됐잖아?", "대체 언제까지 사과해야 해?", "나도 잘못한 건 알겠는데, 이게 그렇게 큰일이야?" 같은 말을 덧붙이면, 이는 자신의 잘못에 대해 사과하는 게 아니라 오히려 상대방에게 억지로 이해와 용서를 강요하는 것이 되고 맙니다. 강요받은 용서는 진정한 용서가 될 수 없습니다.

사과를 한 후에는 상대방에게 감정을 정리할 수 있는 시간을 줘야 합니다. 상대방이 사과를 받아들인다면 "제 사과를 받아주셔서 감사합니다"라고 고마운 마음을 전해보는 것도 좋습니다. 바로 용서해주지 않더라도 끝까지 진심을 다한다면 그 자체로 충분히 의미 있는 사과가 된다는 것을 기억합시다.

사과의 진정성을 담는 비언어적 요소

사과의 마음은 태도와 표정으로도 전할 수 있습니다. 때로는 어떻게 말하느냐가 무엇을 말하느냐보다 중요합니다. 상대방의 말을 끝까지 경청하면서 시선을 피하지 말고 진지하게 눈을 맞추는 등 솔직한 자세를 보이는 것은 기본입니다. 또한 사과는 문자 메시지나 전화로 전달하는 것보다는 직접 만나서 하는 것이 좋습니다. 감정을 직접 전달하지 않으면 또다른 오해를 불러올 수 있습니다. 힘들어도 얼굴을 보고 사과합시다. 장소도 중요합니다. 너무 시끄러워 산만한 곳보다는 상대방이 편안함을 느낄 수 있는 조용하고 안정된 곳에서 사과하는 것이 가장 바람직합니다.

　변명하지 않고, 책임을 인정하고, 상대방의 감정에 공감하며, 용서를 강요하지 않는 것이 사과의 핵심입니다. 실수는 누구나 할 수 있습니다. 다소 서투르더라도 마음을 담아 진정성 있는 사과를 한다면 실수는 '잘못'에 머무르지 않고 관계를 다지고 이전보다 더욱 단단하게 신뢰를 쌓는 기회가 될 수 있습니다.

핵심 3문장

- 최고의 사과는 즉시 하되, 잘못을 솔직히 인정하는 것이다.
- '나 전달법(I 메시지)'을 사용해 상대방의 감정에 공감하고, 책임을 회피하는 표현은 피한다.
- 사과하고 난 뒤에는 용서를 강요하지 말고, 상대방이 감정을 정리할 시간을 줘야 한다.

거절할 수 없는 부탁의 비밀

살다 보면 누구나 혼자서 해결하기 어려운 문제에 부딪치게 마련입니다. 그럴 때는 다른 사람에게 도움을 청해야 하지만, 그게 생각만큼 쉽지 않습니다. 괜히 폐를 끼치는 것 같아 망설여지고, 어떻게 말을 꺼내야 할지 막막하며, 거절당할지 몰라 주저하게 됩니다. 상대방이 바쁘거나 피곤해 보이면 말 꺼내기도 조심스러워지지요. 상대방의 양해와 배려를 전제로 하는 부탁이라는 상황에서는 누구나 위축되는 게 당연합니다. "부탁하는 게 그렇게 어렵나? 그냥 솔직하게 도와달라고 하면 되는 거 아닌가?"라고 생각할 수도 있지만, 실제로 부탁할 상황이 되면 그렇게 간단한 일이 아니라는 걸 절감하게 됩니다.

그런데 이는 부탁을 받는 사람도 마찬가지입니다. 부탁을 받는 순간, 부담을 느끼는 건 자연스러운 현상입니다. '지금 꼭 해야 하는 일일까?', '나 아니면 안 되는 걸까?' 같은 생각이 스치면서 거절하기 위한 이런저런 변명들이 떠오릅니다. 그런데 이런 부담감은 부탁의 내용보다는 얼마나 구체적이고 배려 있게 표현되었는지에 따라 달라집니다.

부탁에도 기술이 필요합니다. 단어 하나, 표현 방식 하나에 부탁하는 사람은 물론, 부탁을 들어주는 사람의 마음도 훨씬 가벼워질 수 있습니다. 단순히 "도와주세요"라고 말하기보다는 상대방이 부담 없이 기분 좋게 받아들일 수 있도록 배려하면서 구체적으로 말하는 것이 중요합니다. 마음을 표현하는 방식에 정성이 담기면 도움을 청하는 말에도 그만큼 간절함이 전해지게 마련입니다.

작지만 구체적인 것부터

흥미로운 실험을 소개합니다. 한 단체가 거리에서 "암 환자들의 치료비를 위한 모금을 부탁드립니다"라고 요청했습니다. 이에 응답한 사람들은 30퍼센트에 불과했고, 1인당 평균 기부 금액은 2만 원 정도였습니다. 같은 부탁을 하면서 다음과 같은 문장을 추가해봤습니다. "암 환자들의 치료비를 위한 모금을 부탁드립니다. 1000원이라도 좋습니다!" 그러자 모금에 참여하는 비율이 60퍼센트 이상으로 높아졌고, 1인당 평균 기부액도 5만 원 이상으로 늘어났습니다. "1000원이라도 좋습니다"라는 한마디가 사람들의 마음을 여는 열쇠가 된 것이지요.

이와 비슷한 사례는 우리 주변에서 얼마든지 찾을 수 있습니다. 설문조사에 참여해달라고 요청할 때 "1분 정도면 끝납니다"라는 말을 붙이면 참여율이 부쩍 높아집니다. 실제로는 10분 정도 걸릴 수도 있지만 "1분만 도와주세요"라는 요청이 부담감을 줄여주기 때문입니다. 처음에는 작고 사소한 부탁을 들어주려고 나선 것인데, 막상 도와주다 보면 더 큰 호의를 베풀게 되는 것이지요.

이 같은 현상을 심리학에서는 '이븐 어 페니 테크닉 Even a Penny Technique'이라고 합니다. 이 기술의 핵심은 '부탁을 할 때 반드시 명확한 기준을 제시하는 것'입니다. 예를 들어, "잠깐만 도와주세요"라고 하면 상대방은 '잠깐이라니, 대체 얼마나 시간을 내달라는 거야?'라고 생각하며 부담감을 갖게 됩니다. '잠깐'이라는 단어의 기준이 사람마다 다르기 때문이지요. 누군가는 1분을 '잠깐'이라고 생각하지만, 또 다른 누군가는 10분, 15분을 '잠깐'이라고 여길 수도 있습니다. 이렇게 모호하게 말하기보다는 기준을 명확하게 제시하면 상대방이 판단을 내리기 쉬워지고, 부탁을 들어줄 가능성도 높아집니다.

이유와 목적은 분명히

　부탁할 때는 이유와 목적을 분명히 밝혀야 합니다. 막연하게 "잠깐 뵐 수 있을까요?"라고 말하면 상대방은 경계심을 느끼게 됩니다. 당연히 부탁을 거절할 가능성도 높아지지요. 그보다는 "다음 강의와 관련해서 상의드릴 게 있습니다"라고 요청하면 어떨까요? 이렇게 말하면 부탁의 목적이 명확해지면서 상대방은 '강의 시간, 핵심 내용, 주제 등에 대해 이야기하자는 말이겠구나'하고 상황을 예측하게 됩니다. 당연히 경계심이 줄어들고 거절할 이유도 사라집니다.

　이처럼 부탁의 목적을 명확히 밝히는 것이 중요한 이유는, 부탁은 내가 하는 것이지만 이를 수락할지 여부는 상대방에게 전적으로 달려 있기 때문입니다. 상대방이 판단을 내리기 쉽도록 자세한 정보를 제공하고 분명한 이유와 목적을 제시하는 것은 부탁하는 사람이 기본적으로 갖춰야 할 예의이자 배려입니다.

　가족이나 연인, 친구처럼 가까운 사이라면 이러한 배려를 소홀히 하기 쉬운데, 아무리 친한 사이라 해도 무턱대고 부탁하기보다는 왜 그런 부탁을 하는지 이유와 목적을 분명히 설명하는 등 상대방을 배려하는 태도를 보여줘야 합니다. 이렇듯 기본적인 예의를 갖출 때 믿음이 쌓이고 서로 간의 관계가 더욱 공고해집니다.

심리적 저항을 줄이는 '밥 한 끼'의 힘

도움을 청해야 하지만 입을 떼기 어려울 때는 밥 한 끼 함께하는 자리를 마련해봅시다. 함께 음식을 나눠 먹으면 심리적 거리감이 부쩍 줄어들며 더 쉽게 친밀감을 느끼게 됩니다. 중요한 부탁이 있을 때, 무작정 부탁의 말을 꺼내기보다는 함께 밥을 먹거나 커피나 차를 마시는 자리를 마련해보세요. 같은 공간에서 음식을 나누어 먹다 보면 어느새 분위기가 부드러워지는 것을 느끼게 될 겁니다.

"시간 좀 내주실 수 있을까요?"라고 묻기보다는 "점심 때 식사를 하면서 잠깐 이야기를 나누실 수 있을까요?"라고 말하면 상황을 훨씬 자연스럽게 이끌어갈 수 있습니다. 이처럼 대화를 위한 자리를 만드는 것만으로도 경직된 분위기가 풀리고 부탁이 훨씬 자연스럽게 전달됩니다.

부탁이 어려운 건, 누군가에게 도움을 청하는 일이 생각보다 부담스럽기 때문입니다. 하지만 인간은 누구나 완벽한 존재가 아닙니다. 누군가에게 기대고 그러다 보면 도움을 주기도 하며 관계를 쌓아나가는 것이지요. 부탁의 기술을 잘 활용하면 상대방도 부담 없이 나를 도와줄 수 있고, 나 또한 상대방에게 쉽게 도움을 건넬 수 있습니다.

부탁은 나의 약점을 드러내는 행동이 아니라 상대방과의 관계를 다질 수 있는 기회이기도 합니다. 거절당해도 괜찮다는 마음으로, 상대방의 입장을 배려하며 분명한 이유와 목적을 밝혀 부탁해보세요. 세상은 아직 따뜻하다는 것을 깨닫게 될 겁니다.

핵심 3문장

- 사소하고 구체적인 부탁부터 시작하면 부담이 줄어들고, 상대방이 들어줄 가능성이 높아진다.
- 이유와 목적을 분명히 밝히면 상대방이 거부감 없이 쉽게 부탁을 들어줄 수 있다.
- 함께 식사하면서 부탁하면 심리적 거리가 좁아지고 긍정적인 반응을 얻을 가능성이 커진다.

차이와 차별은 다르다

　인권은 태어날 때부터 누구에게나 부여되는 기본적인 권리입니다. 여기에는 그 어떤 조건도 붙지 않습니다. 어느 시대 어느 사회에서든 한 개인이자 구성원으로서 누리고 행사할 수 있어야 하지요. 최근 들어 '인권'이라는 단어를 SNS나 각종 미디어에서 자주 접할 수 있지만, 그에 못지않게 우리 일상에서 무심코 타인의 인권을 침해하거나 무시하는 말을 자주 듣게 됩니다. 대표적으로 '꼰대', '잼민이', '튀기'처럼 특정 계층을 비하하는 말들이 있습니다. '된장녀', '한남'처럼 특정 성별을 혐오하는 표현이나 '○○팔이'나 '○○쟁이' 같이 특정 직업을 낮잡아 부르는 표현도 들을 수 있습니다. 비교나 편 가르기를 부추기는 표현도 많지요. '장애인과 정상인'이라는 구분 대신 '장애인과 비장애인'이라는 표현이 자리 잡은 것은 불과 20년도 되지 않았습니다. 서울 출신과 지방 출신이라는 표현 역시 은연중에 차별적인 시선을 담은 표현입니다. 인재를 채용하는 데 있어 출신 지역이 정말 중요한 기준이 될 수 있을까요?

다행스럽게도 우리 사회의 전반적인 인식은 점점 개선되고 있습니다. 많은 경우, 이런 표현을 사용하는 사람이 나쁜 의도를 갖고 있는 것도 아닙니다. 대부분 그저 익숙해서 그런 표현을 사용하다가 "방금 그 말은 인권을 침해할 수 있습니다"라는 지적을 받으면 깜짝 놀라며 바로 사과하는 모습을 보입니다. 문제는 그런 말들이 부적절한 표현이라는 사실조차 알지 못하거나, 설사 인식했더라도 자주 접하다 보니 무뎌진다는 점입니다.

자신의 의도와 관계없이 이런 부적절한 표현으로 무례를 저지르지 않으려면 어떻게 해야 할까요? 바로 인권 감수성을 키워야 합니다. 감수성은 외부 세계의 자극을 민감하게 받아들이는 성질입니다. 감수성이 높을수록 자극을 더욱 예민하게 받아들이고 이해도가 높아지지요. 타인의 인권을 배려하는 데도 감수성이 필요합니다. 단순히 노력하자, 조심하자는 말로는 부족합니다. 보다 구체적이고 현실적인 방법이 필요합니다.

인권 감수성을 높이고 뜻하지 않은 말실수를 줄일 수 있는

3가지 방법을 추천합니다. 바로 '혐오하는 말 하지 않기', '차별하는 말 하지 않기', '낙인찍는 말 하지 않기'입니다. 하나씩 천천히 살펴볼까요?

혐오 표현, 왜 위험할까?

누군가를 싫어하고 미워하는 감정은 인간의 자연스러운 본능입니다. 내게 해로운 대상을 피해야 생존 확률이 높아지기 때문입니다. 문제는 개인의 감정을 일반화해서 특정 집단 전체를 기피하거나 혐오의 대상으로 삼는 데 있습니다. 이를 타인에게 강요할 경우, 더욱 큰 문제가 됩니다.

인터넷 커뮤니티나 익명성이 보장된 공간에서 특정 지역, 인종, 계층, 성별에 대한 그릇된 선입견을 노골적으로 드러내며 혐오를 일삼는 사람들을 쉽게 찾아볼 수 있습니다. 그런데 만약에 혐오의 대상이 바로 옆에 있는데, 이런 표현을 사용한다면 어떨까요? 당연히 상대방은 모욕감을 느끼고 상처를 받을 겁니다. 심할 경우, 자존감이 훼손될 수도 있습니다. 감정이 격해져 강하게 반발할 수 있지요. 그러다 싸움으로 번지기라도 하면 감정의 골이 깊어지면서 혐오는 더욱 커질 것이고, 나중에는 단순한 혐오가 아니라 비방과 욕설이 추가되는 악순환으로 이어질 수도 있습니다.

연구 결과에 따르면, 욕설이나 혐오의 표현은 다른 단어보다 우리 뇌에 4배나 강하게 각인된다고 합니다. 이런 표현을 지속적으로 사용하면 뇌 발달이 저해되고 인지 능력에도 부정적인 영향을 미칩니다. 상대방과의 관계를 떠나서 나 자신에게도 좋지 않은 영향을 끼치는 것이지요.

이렇듯 혐오의 말은 남뿐 아니라 자신에게도 해를 끼칩니다. 그런 말이 나오려 할 때마다 의식적으로 경계하며 스스로에게 질문해보세요. '이 말은 객관적인 판단에 따른 것인가 아니면 주관적 판단에 따른 것인가?', '지나치게 일반화하고 있지는 않은가?' 이렇게 스스로 점검하는 과정이 필요합니다.

무심코 쓰는 차별적 언어 되돌아보기

차별은 둘 이상의 대상을 구별하는 과정에서 특정 집단이 불리한 대우를 받는 것을 의미합니다. 누구나 다 차별적인 표현을 쓰지 말아야 한다는 것을 알면서도 일상에서 이런 말들을 무심코 사용하는 것을 쉽게 볼 수 있습니다. 예를 들어볼까요. "남자는 이래야 해." "여자는 자고로 그래야지." 이런 말은 성별 고정관념을 조장하는 표현입니다. "우리 회사 관리자들은 나 싹 막혔어." "이번 신입 사원들은 개념이 없네." 이런 말은 특정 연령대나 직급을 한데 뭉뚱그려 차별하는 표현입니다. "요즘 애들은 버릇이 없어." "늙으면 다 저래." 이렇게 나이만으로 모든 것을 판단하는 표현 역시 마찬가지입니다. "그 집 엄마가 외국인이래." "지방 출신이라 그래." 이런 말들은 다문화 가정이나 특정 지역 출신을 차별하는 표현입니다.

어떤 말투나 표정으로 말하든, 이런 표현은 본질적으로 차별 의식을 내포하고 있어서 듣는 사람에게 깊은 상처를 줄 수 있습니다. 만약 실수로라도 차별적인 표현을 사용했다면 가장 좋은 방법은 빠르게 인정하고 사과하는 것입니다. "미안해요. 나도 모르게 말이 잘못 나왔어요." "적절한 표현이 떠오르지 않아서 잘못 말했어요. 정말 죄송합니다." "언제든지 예외는 있다는 것을 압니다." 이처럼 다양성을 인정하는 포용력 있는 표현을 덧붙이며 자신의 말실수를 바로잡으면 됩니다. 당연히 진심 어린 사과가 선행되어야겠지요.

낙인, 지워지지 않는 말의 상처

'낙인'은 원래 쇠붙이를 불에 달궈 목재나 가축에게 찍는 도장을 뜻하는 단어입니다. 예전에는 범죄자들에게 낙인을 찍는 형벌도 있었어요. 이런 배경 때문에 오늘날 낙인은 불명예스럽거나 치욕스러운 의미로 사용되고 있습니다. 주로 특정 집단이나 사람에게 부정적인 이미지를 씌운다는 뜻을 가지고 있지요. 그 사람이 어떤 행동을 했는지, 어떤 사정이 있는지 헤아려보려는 시도조차 하지 않고 단편적인 이미지나 선입견으로 규정짓는 것이 낙인의 본질입니다. 게다가 낙인은 한번 찍히면 쉽게 지워지지 않기 때문에 더욱 심각한 문제가 됩니다.

누군가에게 부정적인 낙인이 찍히면 그 사람에 대한 평가는 한순간에 나빠집니다. 낙인이 찍힌 당사자가 부정적인 이미지에 매몰되어 계속 부정적인 말과 행동을 하는 모습도 볼 수 있습니다. 이를 '낙인 효과'라고 부릅니다.

낙인은 2차 가해로 번지기도 합니다. 특정 사건의 피해자를 추모하는 의미에서 이름을 거론하는 경우가 있는데, 이는 피해자뿐만 아니라 그 가족과 주변 사람들에게 지속적인 고통을 줄 수 있습니다. 새로운 감염병이 등장했을 때 최초 발병자의 이름이나 지역이 알려지면, 해당 인물과 지역은 온라인상에서 마녀사냥을 당하기 쉽습니다. "누구 때문이야"라는 식의 단정적 표현은 사태의 원인을 객관화하기보다는 오히려 무분별한 분노와 공포를 조장합니다. 낙인은 사람들의 시선과 태도를 왜곡시키는 힘을 가지고 있습니다. 한번 잘못된 낙인이 퍼지면, 당사자가 아무리 노력해도 그 이미지를 걷어내기 어려운 게 현실입니다. 인터넷과 SNS로 인해 이런 낙인은 끊임없이 확대 재생산되며 당사자의 삶에 오랫동안 치명적인 영향을 미치기도 합니다.

어떤 이유에서든 그 누구도 다른 사람에게 함부로 낙인을 찍을 권리는 없습니다. 낙인 찍는 말은 그 대상은 물론 말한 사람, 그것을 듣는 사람, 나아가 우리 사회 전체에 뿌리 깊은 상처를 남깁니다. 이를 경계하려면 평소에 최대한 중립적인 태도를 유지하고, 검증된 사실만 이야기하는 습관을 들여야 합니다. 불필요한 오해와 갈등을 줄이기 위해 꼭 명심하기 바랍니다.

인권 감수성을 높이는 작은 실천

말은 타인을 위로하는 따뜻한 손길이 될 수도 있지만 치명적인 상처를 남기는 날카로운 칼이 될 수도 있습니다. 한 마디 말이 누군가의 자존감을 해치고 우리 사회에 차별을 퍼뜨리고 혐오를 정당화할 수도 있습니다. 그러나 시선을 조금만 바꾸면 상대방에 대한 존중과 배려로 우리 사회를 포용력 있게 만들 수도 있습니다.

인권 감수성은 단어 몇 개를 피한다고 해서 높아지는 게 아닙니다. 중요한 것은 스스로 민감하게 반응하고, 분명히 의식하면서 표현을 조심해야 한다는 것입니다. 자신이 내뱉은 말이 누군가에게 어떤 의미로 다가갈 수 있는지 늘 돌아봐야 합니다. 말은 단순한 의사소통의 도구가 아니라 그 사람의 사고방식과 태도를 반영하는 거울입니다. 혐오하는 말, 차별하는 말, 낙인찍는 말을 지양하고 좀 더 신중한 언어를 사용하려는 노력이 필요합니다.

인권을 존중한다는 것은 거창한 선언이나 표어가 필요한 일이 아닙니다. 일상에서의 작은 실천으로 서로를 존중하는 사회를 만들 수 있습니다. 상대방을 존중하는 태도가 몸에 배면 자연스럽게 인권 감수성이 높아집니다. 그 과정에서 우리가 더 좋은 사회를 만들어가는 데 기여할 수 있다면, 그보다 더 의미 있는 일은 없겠지요. 그 시작은 우리의 작은 '말 한 마디'에서 출발합니다.

핵심 3문장

- ▶ 인권 감수성을 높이려면 혐오, 차별, 낙인과 관련된 표현을 의식적으로 점검해야 한다.
- ▶ 상대방을 존중하는 언어 습관을 기르고, 편견이나 고정관념을 조장하는 말을 사용하지 않도록 점검한다.
- ▶ 말은 우리의 사고방식을 반영한다. 보다 신중하고 배려 깊은 언어 사용은 건강한 사회를 만드는 첫걸음이다.

2장 관 계

말의 온도를 높여 관계를 쌓아가는 법

저는 남들보다 조금 일찍 사회생활을 시작했습니다. 덕분에 40대 초반이지만 경력은 벌써 20년이 훌쩍 넘어요. 요즘 말로 하면 '선취업 후진학'이라고 할 수 있지요. 그 과정에서 또래에 비해 많은 사람들을 만나고 다양한 경험을 했습니다. 인연을 맺었던 모든 사람들과 현재까지 한결같은 관계를 유지하고 있지는 않아요. '시절 인연'이라는 말처럼 모든 관계는 계절처럼 흐르다 다시 찾아오기를 반복하는 법이지요. 제 인간관계도 그렇습니다.

제가 극도로 내향적인 성향에 낯가림이 심하다고 하면 사람들은 깜짝 놀랍니다. 저는 사실 사교성이 뛰어나지도 않아요. 이런 이야기를 들으면 다들 대체 왜 영업을 선택했는지, 대중 앞에서 강의는 어떻게 하는지 물어봅니다. 때론 안쓰러운 표정으로 괜찮냐고 걱정해주는 분들도 있어요. 하지만 저는 사람들과의 관계에서 힘들어본 적이 없습니다. 오히려 도움을 받은 기억이 더 많아요. 비결은 간단합니다. 사회생활을 시작했을 때부터 지금까지 지키고 있는 저만의 원칙이 하나 있거든요.

내가 좋으면 남들도 좋고 내가 싫으면 다른 사람들도 싫다.

흔히 하는 말이지만, 저에게는 중요한 기준입니다. 어릴 적 자신을 선생님이라고 소개하면서 집으로 무작정 찾아와 격양된 말투와 과격한 몸짓으로 책 구매를 강요하던 아저씨가 있었습니다. 저는 그 사람이 너무 무섭고 싫었어요. 지금도 그 표정과 목소리가 또렷이 기억날 정도입니다. 그 기억 때문인지 저는 영업을 할 때 표정과 말투에 정말 신경을 많이 썼습니다. 되도록 자주 웃고, 한마디 한마디에 예의를 담았지요. 그랬더니 실적과 성과가 자연스레 따라오더군요. 금전적 보상은 당연하고요.

남들 앞에 서서 강의한다고 잘난 척하는 동료들을 보면 정말 많은 생각이 듭니다. 그래서 저는 강의를 할 때면 늘 권위를 내려놓고 가능한 한 쉬운 표현을 써가며 최대한 친근하게 다가가려 노력합니다. 덕분에 제 강의를 안 들어본 회사는 있어도 한 번만 들은 회사는 없습니다.

이러한 원칙은 사회생활을 할 때 뿐만 아니라 가족, 친구, 연인, 지인과의 관계에도 똑같이 적용합니다. 그래서인지 누군가에게 가장 좋아하는 사람은 아닐지라도 싫어하는 사람으로는 절대 꼽히지 않습니다.

지금까지 살아오면서 사람들과의 관계에서 어떤 경험을 했고 어떤 결과를 겪었든 상관없습니다. 앞으로 보다 나은 경험과 결과를 원하는 마음만 있으면 됩니다. 이번 장의 내용을 바탕으로 언제 어디서나 통하는 사람이 되기를 바랍니다.

좋은 첫인상을
만드는 습관

첫인상은 3초 만에 결정된다고 합니다. 7초 또는 11초라는 말도 있지요. 어쨌든 핵심은 첫인상이 매우 짧은 시간 내 확정된다는 것입니다. 불과 몇 초 만에 결정되는 첫인상이지만, 그 영향력은 결코 짧지 않습니다. 한번 각인된 첫인상을 바꾸는 데는 무려 40시간이나 걸린다고 합니다. 그것도 계속해서, 일관되게 기존 첫인상과 전혀 다른 모습을 보여야만 가능합니다. '느긋하게 천천히 나의 인상을 만들어가겠다'는 전략이 효과가 있을 리 없습니다. 기왕이면 첫 만남에서 좋은 인상을 주는 게 훨씬 효율적입니다. 그렇다면 첫인상을 결정짓는 요소에는 어떤 것들이 있을까요?

흔히 첫인상이라고 하면 겉모습을 가장 먼저 떠올립니다. 앨버트 메라비언이 연구한 바에 따르면, 첫인상을 결정하는 요소는 크게 3가지 정도를 들 수 있습니다. 바로 시각적 요소, 청각적 요소, 언어적 요소이지요. 우리가 누군가와 소통할 때 상대방에게 받는 인상을 분석하면 시각적 정보의 비중이 55퍼센트로 가장 높고, 이어서 청각적 정보가 38퍼센트, 말의 내용은 7퍼센트 정도를 차지한다고 합니다. 물론 겉모습이 번지르르하다고 해서 소통이 원활해지는 것은 아닙니다. 진정성 있는 태도나 인품 같은, 눈에 보이지 않는 것들도 중요하지요. 그럼에도 불구하고 첫인상만큼은 단정한 복장과 깔끔한 헤어스타일, 밝은 표정, 자신감 있는 태도처럼 겉으로 드러나는 부분에 큰 영향을 받는 게 사실입니다.

요즘 인기를 끌고 있는 연애 리얼리티 프로그램들을 보면 자주 듣게 되는 말이 있습니다. "저는 외모보다 성격을 먼저 봐요. 대화가 잘 통하고 가치관이 맞는 사람을 선호합니다." 과연 그럴까요? 거짓말은 아니겠지만, 그 이면에는 자신도 인식하지 못하는 속마음이 있습니다. 이는 이론적으로도 증명된 사실입니다. 진화심리학, 신경과학 분야의 실험 결과에 따르면 인간은 생존과 번식을 위해 무의식적으로 외모를 통해 상대방의 건강, 유전적 적합성, 사회적 지위를 평가하는 경향이 있습니다. 이를 '초두 효과 Primacy Effect' 또는 '후광 효과 Halo Effect'라고 합니다. 일단 외모가 마음에 들어야 성격이 궁금하고, 대화를 시도하고 싶어지고, 가치관이 어떤지 탐색해볼 의지가 생긴다는 것이지요.

외적 요소가 긍정적이어야 내면의 인품이나 진정성도 빛을 볼 수 있습니다. 좋은 첫인상을 남기기 위해 외적 이미지를 관리하는 것은 선택이 아닌 필수입니다. 그렇다고 해서 많은 돈을 투자하거나 엄청난 기술을 발휘할 필요는 없습니다. 눈에 확 띄는 큰 부분부터 작고 소소한 것들까지 하나하나 살펴보겠습니다.

좋은 첫인상을 만드는 몸의 자세

첫인상을 만드는 중요한 요소 중 하나는 몸의 자세입니다. 서 있을 때나 앉아 있을 때나 늘 기립근에 힘을 주는 게 기본입니다. 기립근은 허리와 등, 그리고 골반을 따라 세로로 위치한 근육으로 살짝만 힘을 줘도 어깨와 가슴이 자연스럽게 펴지면서 몸의 자세가 전체적으로 반듯해집니다. 단순히 자세만 바꿨을 뿐인데, 자신감 넘치고 당당한 인상을 줄 수 있습니다. 꾸준히 코어를 자극해 건강에도 도움이 됩니다.

대화가 시작되면 몸의 방향을 상대방 쪽으로 살짝 기울이거나 일치시키는 것도 첫인상을 좋게 만드는 데 도움이 됩니다. 사람은 누구나 자신과 파장이 비슷하다고 느껴지는 이에게 강한 유대감과 연대감을 느낍니다. 대화에 집중하고 있다는 느낌을 줄 수도 있습니다.

걸을 때는 기립근에 힘을 준 채 발의 앞쪽이 아닌 발의 뒤꿈치부터 땅을 딛는 방식으로 걷는 게 좋습니다. 지금 당장 해보면 그 차이를 바로 알 수 있을 겁니다. 발의 앞쪽부터 땅을 디디면서 걸으면 무게중심이 앞으로 쏠리기 때문에 공격적이거나 조급해 보입니다. 반면에 발의 뒤꿈치부터 땅을 디디면서 걸으면 상대적으로 여유 있어 보이고 차분함과 안정감이 느껴집니다. 걸음걸이 자체도 편안해 보입니다.

나도 모르게 몸에 밴 습관 때문에 어깨가 움츠러들어 있거나 등이 구부정해져 좋지 않은 인상을 줄 수도 있습니다. 자신의 자세를 점검해보고 하루라도 빨리 바른 자세로 바꾸는 것이 좋은 첫인상을 만드는 첫 걸음입니다.

눈썹, 코털, 손톱부터 살펴라

몸의 언어를 구성하는 부분 중 간과하기 쉬운 부분이 3가지 있습니다. 바로 눈썹, 코털, 손톱입니다. 세 부위는 각기 위치가 다르지만 공통점이 있죠. 아무리 옷을 깔끔하게 차려입고 멋지게 꾸몄더라도 이 세 부위의 관리 상태에 따라 전체적인 인상이 지저분해 보일 수 있습니다.

특히 남성들은 눈썹에 신경을 쓰지 않는 경우가 많습니다. 눈썹 화장이나 눈썹 문신까지 할 필요는 없지만 그래도 튀어나온 잔털이나 정돈되지 않은 부분은 정기적으로 다듬는 게 좋습니다. 눈썹은 얼굴 윤곽과 표정을 또렷하게 잡아주기 때문에 약간만 다듬어도 강렬한 인상을 남길 수 있습니다.

코털 역시 사람마다 자라는 속도가 다르지만, 최소한 일주일에 한두 번 정도는 세안하면서 함께 정리하는 습관을 들이는 게 좋습니다. 눈에 잘 띄지 않는다고 방심하기 쉬운 부분이지만, 삐져나온 코털을 보지 못했다가 첫인상을 망쳐버릴 수도 있으니까요. 특히 고개를 숙이거나 웃을 때처럼 예상하지 못한 순간에 코털이 보일 수도 있으니 신경써서 확인하는 습관을 들여야 합니다.

손톱도 마찬가지입니다. 돈을 들여서 관리했느냐 관리하지 않았느냐는 중요하지 않습니다. 얼마나 예쁘게 꾸몄는지도 상관없어요. 청결하고 단정해 보이는 손톱이 최고입니다. 여름이라면 슬리퍼나 샌들 등 맨발이 드러나는 신발을 신을 수도 있으니 발톱 역시 함께 관리하는 게 바람직합니다.

사소한 디테일이 전체적인 인상을 결정짓는 포인트가 될 수도 있다는 사실을 명심하기 바랍니다.

좋은 첫인상을 만드는 말하기 습관

좋은 첫인상을 만드는 데는 시각적인 요소뿐만 아니라 청각적인 요소도 중요한 역할을 합니다. 특히 얼굴을 직접 맞대는 게 아니라 전화 같은 비대면으로 첫 만남을 가질 경우에는 목소리와 대화 매너가 첫인상을 결정합니다. 그렇다고 해서 돈과 시간을 들여 특별히 훈련받을 필요는 없습니다. 사람마다 목소리의 특색과 개성이 다 다르고, 모두가 동굴 저음이나 아나운서 톤, 꾀꼬리 같은 음색을 좋아하는 것은 아니니까요. 어떤 음색을 가졌든 간에 좋은 첫인상을 만들 수 있는 방법이 있습니다. 간단합니다. 되도록 큰 목소리로 명확하고 또렷하게 말하는 것입니다.

주변이 시끄럽거나 옆에 사람들이 많아서 작은 소리로 말해야 하는 상황이라면 굳이 전화를 받아서 좋지 않은 첫인상을 남기지 말고 문자 메시지로 상황을 설명하는 것이 좋습니다. '5분 후에 제가 다시 전화 드리겠습니다' 같은 간단한 문장만으로도 충분합니다.

또한 말끝을 흐리거나 얼버무리는 습관이 있다면 지금 당장 고쳐야 합니다. 확실하지 않을 땐 둘러대거나 애매하게 말하기보다는 "다시 한번 확인해보겠습니다", "정확하게 알아보고 바로 연락드리겠습니다"라고 말해 명확히 답변하기 위해서는 시간이 필요하다는 것을 알리는 편이 낫습니다.

발음이 부정확하다는 생각이 들어 사람들 앞에서 말하는 게 자신 없다면 말하는 속도를 조금만 늦춰서 천천히 이야기해보세요. 평소 말하는 속도가 1이라면 0.8 정도로 늦추는 것만으로도 부정확하던 발음이 눈에 띄게 개선되는 것을 확인할 수 있을 겁니다.

이렇게 작고 사소한 부분부터 하나씩 신경 쓴다면 언제 어디서 누구를 왜 만나든 간에 긍정적이고 신뢰감 있는 첫인상을 만들고 원활하게 소통할 수 있습니다.

핵심 3문장

- 첫인상은 몇 초 만에 결정되는데, 바꾸려면 최소 40시간 정도는 걸리므로 처음부터 좋은 인상을 만드는 것이 중요하다.
- 몸의 자세(기립근, 걸음걸이), 사소한 부분(눈썹, 코털, 손톱), 목소리(명확하고 또렷한 발음)를 관리하면 신뢰감을 높일 수 있다.
- 시각적 요소(외모, 자세)와 청각적 요소(목소리, 말하기 습관)를 조화롭게 다듬으면 긍정적이고 신뢰감 있는 첫인상을 만들 수 있다.

고마움은 구체적,
그리고 즉각적으로

과유불급過猶不及. '지나치면 미치지 못함과 같다'는 공자의 말처럼 무엇이든 지나치면 좋지 않은 결과를 낳게 마련입니다. 하지만 아무리 많이 표현해도 과하지 않은 말이 있습니다. 바로 "고맙습니다"입니다.

KBS 라디오 프로그램에 출연하면서 저는 매번 미리 정해둔 인사말을 했습니다. 방송을 시작할 때는 "안녕하세요. 반갑습니다", 방송을 마칠 때는 "늘 감사합니다. 고맙습니다"라고 했지요. 저는 이 간단한 인사말에 여러 가지 의미를 담았습니다. 청취자들에게는 방송을 들어줘서 감사하다는 마음을, 함께 방송을 진행한

아나운서와 PD, 작가에게는 방송을 잘 이끌어주고 만들어준 데 대한 감사의 뜻을 표현한 것이었습니다. 물론 저 자신에게 보내는 작은 칭찬과 격려의 의미도 있었지요. 아무런 사고 없이 오늘도 무사히 방송을 마치고, 매주 최선을 다해 방송을 준비하는 저 자신이 스스로도 대견하다는 생각이 들었거든요.

그렇다면 일상에서는 이런 감사의 마음을 어떻게 표현할 수 있을까요? 고마운 마음을 보다 자연스럽고 효과적으로 표현하는 방법을 소개합니다.

과하다 싶을 만큼 표현하라

우리는 누구나 살아가면서 다른 사람의 도움을 받습니다. 세상에 모든 일을 혼자서 완벽하게 해낼 수 있는 사람은 없으니까요. 애초에 인간이 무리를 지어 살아가는 이유는 혼자서는 생존하기 어렵기 때문입니다. 아무리 유능한 사람이라도 혼자 농사를 짓고, 가축을 기르고, 집을 짓고, 계절마다 옷을 만들어 입으며 살아갈 수는 없습니다. 매일 매 순간 수많은 사람들의 도움을 받으며 살아가고 있기에 감사할 일은 그만큼 차고 넘칩니다.

마음속으로 고마움을 느끼는 것만으로는 부족합니다. 마음은 반드시 말로 표현해야 합니다. 누군가가 나를 배려해주었거나 호의를 베풀어주었을 때는 더욱 그렇게 해야 합니다. 특히 일상 속에서 접하는 사소한 배려를 그냥 흘려버리지 않도록 조심해야 합니다.

건물 밖으로 나설 때 누군가 문을 잡아줍니다. 좁은 길을 바삐 지날 때 맞은편에서 오던 사람이 길을 비켜줍니다. 바삐 걸어오는 내 모습을 보고 승강기에 탄 사람이 '열림' 버튼을 누르고 기다려줍니다. 이밖에도 조금만 눈여겨보면 우리가 고마운 마음을 전달할 수 있는 사소한 배려를 어렵지 않게 발견할 수 있습니다.

이런 소소한 배려의 순간들은 우리가 "고맙습니다"라는 인사를 연습할 수 있는 좋은 기회입니다. 그런데 우리는 시기를 놓치거나 마음으로는 고마워하면서도 부끄러운 나머지 정작 입 밖으로 "고맙습니다"라는 말을 내뱉지 못하는 경우가 많습니다. 가까운 사람들에게는 더더욱 그렇습니다. 고맙다는 말을 해야 할 순간에 "오!", "우와!", "대박!" 같은 감탄사로 대신하거나 쑥스러워서 그냥 웃고 넘어가버리는 경우도 흔합니다.

그런데 이런 말은 자신의 감정을 표현하는 감탄사일 뿐, 감사 인사라고 보기는 어렵습니다. 이제부터는 이런 감탄사 뒤에 감사의 인사를 덧붙여보세요. "오! 진짜 고마워." "우와! 정말 고마워." "대박! 이 고마운 마음 잊지 않을게!" 이렇게 간단한 인사말을 덧붙이는 것만으로도 고마운 마음을 충분히 전달할 수 있습니다. 감사의 표현을 하는 것이 습관화되어 자연스럽게 인사를 건넬 수 있게 되면, 그것만으로도 사람들에게 긍정적인 인상을 남길 수 있습니다.

감사의 인사를 전할 때 함께할 몇 가지 행동을 습관처럼 몸에 익혀두면 그 효과가 더욱 커집니다. 먼저, 사과할 때와 마찬가지로 상대방의 눈을 바라보며 말합니다. 가볍게 미소를 지으면 고마운 마음을 부드럽고 따뜻하게 전달할 수 있습니다. 감사의 인사 앞에 상대방의 이름이나 호칭을 덧붙이면 그 마음이 더욱 직접적으로 전달됩니다. 무엇이 고마웠는지 구체적으로 말해주는 것도 좋습니다. 단순히 "고마워요", "감사합니다"라고 말하는 것보다는 "바쁠 텐데 시간을 내줘서 고마워요", "보고서 작성을 도와줘서 감사합니다"라고 고마운 이유를 세밀하게 말하면 상대방은 자신의 노력과 수고가 제대로 전달되었다고 느끼게 됩니다.

여러 사람에게 감사의 인사를 전할 때는 특히 주의해야 합니다. 이런 경우, "모두들 감사합니다"라고 뭉뚱그려 표현하기 쉬운데, 그보다는 한 사람 한 사람에게 감사의 인사를 전해야 진심이 전달됩니다. 단순한 인사치레가 아니라 한 사람 한 사람이 해준 일을 정확히 기억하고 고마워한다는 의미를 보여주기 때문입니다. 개별적으로 전하는 감사의 인사는 상대방에게 '내가 한 일을 중요하게 생각하는구나' 하는 기분 좋은 확신을 주면서 자신이 한 일에 자부심을 느끼게 해줍니다.

"고맙습니다"는 습관이다

누구나 한 번쯤 도움을 주고도 고맙다는 말을 듣지 못해 서운했던 경험이 있을 겁니다. 내가 누군가를 도와주었을 때 "고맙습니다", "정말 감사해요" 같은 인사말을 기대하듯 상대방도 마찬가지입니다. 감사의 표현은 인간관계에서 단순히 예의를 갖추는 것 이상의 의미를 갖습니다. 이는 상대방을 배려하는 행동이기도 하지만, 나 자신을 위한 일이기도 합니다. '내가 이렇게까지 했는데 왜 고맙다는 말을 안 하지?' 하고 서운해하는 대신 내가 먼저 감사할 일을 찾아 표현하는 태도를 갖도록 노력해야 합니다.

그러기 위해서는 감사할 이유를 의식적으로 찾아보는 습관을 기를 필요가 있습니다. 우리는 고마움을 표현해야 할 무수히 많은 순간들을 무심코 지나쳐버리곤 합니다. 배우자가 나를 위해 식사를 준비해주었을 때 단순히 "고마워"라고 하기보다는 다음과 같이 구체적으로 마음을 표현해보면 어떨까요? "신경 써서 내가 좋아하는 음식을 준비해줘서 고마워." "시장했을 텐데 늦은 시간까지 기다렸다가 같이 먹어줘서 고마워." "피곤한 하루였는데 당신이 차려준 밥상을 보니 기분이 좋아졌어. 정말 고마워." 단순한 감사의 표현을 넘어 상대방의 배려와 노력을 인정하며 진심 어린 감사를 전하면 그 의미가 더욱 깊어지는 것은 물론 두 사람의 관계가 한층 더 단단해질 것입니다.

친구와 여행을 갔는데 깜빡하고 세면도구를 챙겨 오지 못한 나를 보고 친구가 세면도구를 건네줍니다. 이때 "고마워!"라는 한마디 말로 끝내지 말고 "내가 부탁하기 전에 먼저 챙겨줘서 너무 고마워!" "하루 종일 여기저기 다니느라 피곤했는데 덕분에 편의점에 가지 않아도 돼서 좋았어. 정말 고마워"라고 말한다면 친구의 기분은 더욱 좋아질 겁니다. 회사에서 동료가 커피를 한 잔 건넬 때도 단순히 "잘 마실게"라고 하는 대신 "아침부터 정신없었는데 덕분에 커피 한잔하면서 여유를 찾을 수 있었어. 고마워!", "바쁜 와중에 나까지 챙겨줘서 정말 고마워"라고 표현하면 상대방도 내가 충분히 고마워하고 있음을 알게 되어 더욱 강한 유대감을 형성할 수 있을 겁니다.

이처럼 감사할 순간을 찾아내 적극적으로 자신의 마음을 표현하는 습관을 들이다 보면 감사 인사는 자연스럽게 우리의 일상이 됩니다. 처음에는 쑥스럽고 어색할 수도 있지만, 꾸준히 연습하고 실천하다 보면 감사의 마음을 표현하는 게 더 이상 어렵거나 부담스럽게 느껴지지 않게 됩니다. 그러면서 주변 사람과의 관계도 더욱 따뜻하고 긍정적으로 변합니다.

감사의 표현은 단순히 예의 바른 행동에 그치지 않습니다. 거리를 좁히면서 관계를 더욱 깊고 탄탄하게 만들어주는 강력한 힘이 있습니다. 고마운 순간을 세심하게 포착해내고 바로 감사함을 표현하는 것은 단순히 상대방에게 고마운 감정을 전하는 것을 넘어 내 삶을 더욱 긍정적이고 행복한 방향으로 이끌어줄 겁니다.

이제부터라도 고마운 순간을 더 적극적으로 찾아보세요. 짧은 한마디라도 감사 인사를 더욱 자주, 그리고 진심을 담아 표현해보세요. 생각보다 큰 변화가 일어날 겁니다. 말 한마디가 상대방의 마음을 따뜻하게 하고, 관계를 더 깊고 탄탄하게 만들며, 결국 우리 자신의 삶을 더욱 풍요롭게 만들어 줍니다.

핵심 3문장

- ▶ 감사는 반드시 말로 표현해야 한다. 시기를 놓치지 않고 직접 전하면 효과가 더욱 커진다.
- ▶ 단순히 "고마워"라고 말하기보다는 상대방의 노력과 배려를 구체적으로 언급하면 더 진정성 있는 감사를 전달할 수 있다.
- ▶ 감사의 순간을 의식적으로 찾아내 자주 표현하면 긍정적인 관계를 형성하고 행복한 삶을 만들어가는 데 도움이 된다.

오지랖에도 기술이 필요하다

'인싸'라는 말이 있습니다. 영어 단어 '인사이더insider'의 줄임말로, 각종 행사나 모임에 적극적으로 참여하면서 여러 사람들과 잘 어울려 지내는 사람을 가리키는 말입니다. 반대말로 '아싸'(아웃사이더outsider)라는 말도 있지요. 상대적으로 소극적인 사람들을 일컫는 말입니다. 이 둘은 성향에 차이가 있는 것일 뿐, 어느 쪽이 옳다 그르다고 할 수 없지만 사회생활을 하다 보면 대체로 인싸를 긍정적으로 평가하는 게 현실입니다. 그래서인지 사람들은 모임이나 행사에서 인싸가 되려고 다양한 노력을 기울입니다.

그렇다면 어떻게 해야 사람들의 주목을 받고 호감을 이끌어 내는 인싸가 될 수 있을까요? 첫 만남에서는 무엇보다 공통의 관심사나 분위기를 밝고 긍정적으로 이끌 수 있는 주제로 대화를 이어나가야 합니다. 주제를 찾았더라도 대화를 이끌어나가는 게 막막할 수 있습니다. 효과적인 대화의 시작은 '무엇을 말할 것인가'보다 '무엇을 피할 것인가'를 아는 데서 시작됩니다. 사소한 말 한마디가 분위기를 좋게 만들 수도 있고 순식간에 싸늘하게 만들 수도 있습니다. 어떤 말을 해야 할지 고민하기에 앞서 주의해야 할 점부터 살펴보겠습니다.

관계를 망치는 3가지 금기

모임에서 가급적 피해야 하는 대표적인 주제는 '정치'입니다. 어떤 모임에서든 정치를 주제로 삼았을 때, 분위기가 좋아지는 경우는 거의 없습니다. 불필요한 말다툼이나 감정싸움으로 번지기 쉽고, 대화의 단절을 가져오기도 합니다. 단순히 분위기가 어색해지는 것을 넘어서서 감정의 골을 깊게 해 관계 자체를 무너뜨릴 수도 있습니다. 정치는 가족 사이에서도 민감한 주제인데, 하물며 다양한 배경의 사람들이 모인 자리에서는 더욱더 신중하게 접근해야 합니다.

다음은 '편 가르기'입니다. 편 가르기는 관계를 형성하는 데 전혀 도움이 되지 않습니다. 편 가르기는 갈등을 불러일으키는 행동으로, 모임의 분위기를 좋게 만들 리 없습니다. 대화 중 무심코 내뱉은 성별, 세대, 지역, 직업 등에 대한 고정관념은 듣는 상대방을 불편하게 만들 뿐입니다. 대표적으로 이런 말들이 있습니다.

"남자가 돼서 말이야."
"여자는 자고로……."
"요즘 젊은 친구들은……."
"공무원들은 참 이해가 안 돼."
"경상도가 어쩌고, 전라도가 저쩌고."

편 가르기의 대상이 된 사람은 어떤 생각이 들까요? 나 자신이 그런 대상이 된다면 어떨까요? 당연히 배척당한다는 느낌이 들 겁니다. 모임의 본래 취지는 관계와 친목인데, 편을 나누는 게 과연 득이 될까요? 굳이 사람들 사이에 벽을 세워 적을 만들 필요가 있을까요? 이런 말이 도움이 될 리 없다는 것은 굳이 길게 설명하지 않아도 누구나 잘 알 겁니다.

마지막으로 피해야 할 것은 '빙빙 돌려 말하기'입니다.

A : 저기 그 있잖아요, 이번에 뉴스에 나온 유명한 회사, 이름이

뭐였죠?

B : 어디를 말씀하시는 거죠?

A : 그…… ○○그룹 있잖아요.

애매하고 두루뭉술한 화법은 대화를 늘어지게 만들고 답답함과 피로감만 쌓이게 합니다. 자랑하고 싶은 일이 있다면 에두르지 말고 그냥 솔직하게 말하는 게 좋습니다.

A : 우리 첫째가 이번에 ○○그룹에 합격했어!

상대방이 불편해할까 봐 배려하려는 의도라면, 빙빙 돌려 말할 게 아니라 아예 그 주제를 꺼내지 말아야 합니다. 배우자나 애인에게 선물 받은 비싼 가방이나 시계를 괜히 만지작거리며 자랑하는 것보다는 차라리 솔직하게 이야기하는 것이 더 자연스럽고 깔끔합니다.

대화의 분위기를 살리는 3가지 기술

모임에서 호감을 얻고 관계를 여는 핵심적인 기술이 있습니다. 바로 '칭찬', '응원', 그리고 '센스 있는 건배사'입니다. 이 3가지만 잘 활용해도 언제 어디서나 인싸가 될 수 있습니다. 하나씩 구체적으로 살펴보겠습니다.

'칭찬'은 얼굴을 본 순간부터 모임이 끝날 때까지 최대한 많이, 그리고 구체적으로 하는 것이 좋습니다. 피부가 좋아 보인다든지, 머리 스타일이 잘 어울린다든지 이야기하는 등 작은 변화나 노력을 알아봐주는 말 한마디는 큰 힘이 됩니다. 멀리서 와준 사람에게는 시간 맞춰 와준 데 대한 고마움을 표현하세요. 아이가 있는 사람에게는 아이가 예쁘고 많이 컸다는 칭찬을 해주면 좋겠지요. 사업상 모임에서 만난 사람이라면 장사가 잘된다는 소식을 들었다거나 프로젝트를 성공시켜 대단하다는 등 최근 근황에 대한 축하 인사를 전하면 서로간의 거리를 훌쩍 좁힐 수 있습니다.

이처럼 상대방의 외모, 노력, 배려를 구체적으로 언급하면 관계가 개선됩니다. 필요하다면 약간 과장되게 표현하는 것도 괜찮아요. 중요한 건 말하는 사람의 표정과 태도에 진심이 담겨 있어야 한다는 점입니다. 칭찬은 상대방의 기분을 좋게 만들고 관계를 원활하게 만들어주는 강력한 도구입니다.

응원 역시 진심을 담아 구체적이고 긍정적인 언어로 표현해야 큰 힘을 발휘합니다. 단순히 위로하는 것에서 한 발 더 나아가 상대방의 미래를 긍정적으로 그려주면 더욱 효과적입니다. "요즘 힘들지? 힘내"라고 말하기보다는 "지금까지 잘 해왔으니까 조금만 더 노력해보자. 분명히 잘될 거야!"라고 말해보세요. "혼자라서 외롭지? 내년엔 솔로 탈출하자"라고 말하기보다는 "나는 네가 얼마나 괜찮은 사람인지 잘 알아. 내년에는 너를 정말 아껴주고 사랑해줄 좋은 사람을 꼭 만날 거야"라고 힘을 북돋아주며 말하는 이의 마음이 보다 잘 전달됩니다. 이처럼 말 한마디에 담긴 믿음과 기대는 듣는 사람에게 큰 위안이 됩니다.

마지막으로 순식간에 모임의 분위기를 살리는 효과적인 도구인 센스 있는 건배사를 살펴볼까요. 재치 있는 건배사는 모임의 분위기를 한껏 달아오르게 만듭니다. 짧고 재미있거나 의미 있는 건배사로 어떤 것이 있을까요? 개그맨 김준호가 유행시킨 유명한 건배사가 떠오르는군요. "이멤버, 리멤버." 삼행시 형식의 건배사도 분위기를 살리는 데 도움이 됩니다. 몇 가지 소개합니다. "BTS! 비가 오나 눈이 오나, TMI 주고받으며, 애(에)쓴 만큼 잘 살자!" "마취제! 마시고, 취하고, 제일 잘 놀자!" "마돈나! 마시고, 돈 내고, 나가자!"

다만 건배사는 무엇보다 모임의 성격과 참석자의 연령, 분위기를 고려해서 선택해야 합니다. 친한 친구들이나 가족 사이 같은 가벼운 분위기에서는 다소 장난스러운 표현도 웃어넘길 수 있지만, 연장자가 많은 자리에서 이런 표현은 실례가 될 수 있습니다.

건배사는 하면 좋지만, 하지 않아도 모임을 즐겁게 이끌어갈 수 있으니 굳이 멋진 건배사를 찾아야 한다는 부담을 가질 필요는 없습니다. 그러나 자주 나가는 모임이 있다면 이번 기회에 자신만의 건배사를 하나 만들어보는 것도 좋겠지요.

모임에서 인기 있는 사람이 되는 것은 어렵지 않습니다. 정치 이야기, 편 가르기, 빙빙 돌려 말하기를 피하고 칭찬과 응원, 그리고 센스 있는 건배사를 적절히 활용하면 아싸도 금세 인싸가 될 수 있습니다. 물론 인간관계를 잘 이끌어나가는 재주를 타고난 사람도 있습니다. 그러나 이 또한 연습할수록 몸에 배는 기술이라는 점을 명심하기 바랍니다.

핵심 3문장

- ▶ 모임에서 정치 이야기, 편 가르기, 빙빙 돌려 말하기는 피하는 것이 좋다.
- ▶ 칭찬, 응원, 센스 있는 건배사를 활용하면 자연스럽게 사람들과 친밀해지고, 대화를 유쾌하게 이끌 수 있다.
- ▶ 관계 관리는 타고난 성향이 아니라 연습을 통해 습득할 수 있는 기술이다.

상처 주지 않고 거절하는 법

부탁을 항상 들어줄 수는 없습니다. 지나치게 무리한 부탁이거나, 내가 감당할 수 있는 범위를 벗어났거나, 그리 친하지 않은 사람이 도움을 요청한 경우라면 거절할 수밖에 없습니다.

물론 거절은 결코 쉬운 일이 아닙니다. 상대방과의 관계가 어색해질까 봐 걱정되고, 체면이나 이미지를 생각해서 쉽게 말을 꺼내지 못할 수도 있습니다. 싫은 소리를 못 하는 성격일 수도 있지요. 다양한 이유로 우리는 거절하는 것을 어려워합니다. 그렇다고 모든 부탁을 들어줄 순 없으니 거절하는 방법을 배워야 합니다. 상대방이 민망하지 않도록 예의와 배려를 지키면서 기분 좋게 거절할 수 있는 3가지 방법을 소개합니다.

대화의 여백을 만들어주는 뜸들이기 기법

맛있는 밥을 짓기 위해서는 뜸을 잘 들여야 하듯, 대화를 할 때도 적절한 뜸들이기가 필요합니다. 적절한 뜸들이기는 대화의 속도를 조절하고, 집중력을 높이며, 핵심 내용을 강조하는 효과가 있습니다. 친구가 갑자기 큰돈을 빌려달라고 부탁합니다. 말을 끝마치기도 전에 단호하게 거절하면 친구는 서운할 수밖에 없습니다. 거절하더라도 용기 내서 부탁한 친구의 입장을 배려해줘야 합니다.

이럴 때는 잠시 뜸을 들인 후 거절하는 게 좋습니다. "잠깐만…… 음……." 이렇게 3초 정도 뜸을 들이고 적절한 이유를 대며 거절합니다. "이번 달에 대출금 만기가 돌아와 상환해야 해서 좀 힘드네." "아버지 칠순 여행 경비를 준비해야 돼서 좀 어려울 것 같아." "동생 결혼 선물로 냉장고를 사주기로 했어." 이렇게 구체적인 이유를 밝힌 후 "여유가 없어서 돈을 빌려주기 힘들 것 같아. 도와주지 못해서 미안해"라고 마무리합니다. 도움을 주고 싶지만 현실적으로 어려운 상황이라는 마음을 전달하는 것이지요. 뜸들이기는 상대방에게 내가 처한 상황을 이해할 시간을 주는 동시에 내가 성급히 거절하지 않았음을 보여주는 배려 있는 행동입니다.

'하지만' 대신 '그리고'

'아 다르고 어 다르다'라는 말, 많이 들어보셨죠. 같은 말이라도 어떻게 표현하느냐에 따라 상대방이 느끼는 감정은 달라집니다. 거절할 때는 미묘한 뉘앙스에 주의해야 합니다. 이때 '하지만'보다는 '그리고'를 잘 활용하면 도움이 됩니다. 회사에서 예산이 부족해 강의료를 낮춰달라고 하는 상황을 가정해보겠습니다.

일반적인 표현 : 강의 요청 감사드립니다. 하지만 저희는 시간당 강의료가 50만 원 이상이라 조정하기 어렵습니다.

'그리고' 화법 적용 : 강의 요청 감사드립니다. 그리고 하나 더 말씀드리면, 강의료는 30퍼센트 정도까지는 조정 가능하지만, 지금처럼 70퍼센트 이상 차이 나면 조정하는 게 쉽지 않을 것 같네요. 어떻게 하면 좋을까요?

같은 내용이지만, '하지만' 대신 '그리고'를 사용해서 전달하면 보다 부드럽고 긍정적인 인상을 줄 수 있습니다. 또한 거절의 이유를 자연스럽게 설명하고, 대안까지 제시할 수 있는 장점이 있습니다.

3S 구조로 정중하게 거절하기

3S는 '상황 공감 Situation', '정중한 거절 Sorry', '대안 제시 Suggest'의 약자로 상대방의 부탁을 거절하면서도 원만한 관계를 유지하는 데 효과적인 방법입니다. 모임에서 알게 된 초보 강사가 강의 자료를 요청하는 데 거절하는 상황을 가정해보겠습니다. 다음과 같이 말할 수 있겠지요.

드디어 첫 강의를 맡으셨군요! 평소 관심 많던 리더십을 주제로 강의하실 거라니 정말 좋은 기회네요. 축하합니다! (상황 공감)

강의 자료를 요청받는 경우는 종종 있는데, 저작권 문제 때문에 제공해드리기는 어려울 것 같아요. 그리고 직접 만든 자료가 아니라면 강의를 준비하는 데 오히려 방해가 될 수도 있어요. 죄송하지만 도움 드리기 어려울 것 같습니다. (정중한 거절)
대신 강의 내용을 알려주시면 참고할 만한 논문이나 책, 사이트 등을 추천해드릴게요. 그리고 교안이 완성되면 피드백도 드릴

수 있습니다. (대안 제시)

이처럼 상대방의 부탁에 공감하면서도 거절할 수밖에 없는 이유를 명확하게 전달하고 대안을 제시하면 상대방도 기분 나쁘지 않게 거절을 받아들입니다.

거절을 잘하는 것은 단순히 '안 된다'고 말하는 게 아니라 상대방과 나 모두를 배려하는 기술입니다. 뜸들이기 기법, '그리고' 화법, 3S 구조를 활용하면 부탁을 정중하게 거절하면서도 상대방과의 관계를 원만하게 유지할 수 있습니다. 거절해야 하는 순간, 이 방법들을 잘 활용해 지혜롭게 대처하기 바랍니다.

핵심 3문장

- 거절할 때는 뜸을 들여 속도를 조절하고 구체적인 이유를 설명하면 상대방이 쉽게 받아들인다.
- '하지만' 대신 '그리고'를 사용하고 대안을 제시하면 더욱 부드럽게 거절할 수 있다.
- 3S 구조(상황 공감 Situation, 정중한 거절 Sorry, 대안 제시 Suggest)를 활용하면 관계를 유지하면서도 자연스럽게 거절할 수 있다.

남녀의 차이를 이해하면 소통이 쉬워진다

서른이 넘도록 이성과 제대로 된 대화를 나눠본 적 없는 친구가 있습니다. 흥미로운 것은 이 친구가 동성들 사이에선 굉장히 대범하고 활달하다는 것입니다. 모임에 이 친구가 빠지면 곧바로 빈자리가 느껴질 정도로 소위 말하는 '인싸'였지요. 그런데도 유독 이성과의 대화는 어려워했습니다. 그 이유를 물어보면 늘 하는 말이 있습니다. "남자와 여자는 달라도 너무 달라. 무슨 말을 어떻게 해야 할지 도무지 모르겠어."

실제로 남자와 여자는 다릅니다. 외모는 물론이고 말하는 방식, 행동, 사고방식까지 차이가 크지요. 어쩌면 서로가 평생 이해하지 못할지도 모른다는 생각이 들 정도로, 남녀는 마치 영원히 교차하지 않는 평행선처럼 느껴지기도 합니다. 만약 누군가가 그 평행선을 만나게 할 수 있다고 단언한다면 조금은 거리를 두는 게 좋습니다. 거짓말일 가능성이 높으니까요.

우리가 할 수 있는 최선은 평행선의 간격을 최대한 좁히려고 노력하는 것뿐입니다. 시작은 서로의 차이를 인지하고 인정하고 받아들이는 것에서 출발해야 합니다. 남자와 여자는 분명 다릅니다. 성별에 따른 장점과 특성의 차이는 개인의 성격이나 경험만으로는 결코 메울 수 없습니다. 그 차이를 인정하고 이해해야만 서로를 연결하려는 노력이 가능해집니다.

호르몬이 만들어내는 차이

우리가 인정하고 연결해야 하는 남녀의 차이에는 어떤 것이 있을까요? 우선 남녀는 생물학적으로 각자 고유한 강점이 존재합니다. 일반적으로 남성은 체계화 능력이, 여성은 공감 능력이 강합니다.

체계화 능력은 외부에서 유입되는 정보를 정리해 규칙을 찾아내고 논리적으로 판단해 정렬하는 능력입니다. 예를 들어볼까요. 식당에 가서 벽에 붙어 있는 메뉴판을 봅니다. 메뉴가 몇 가지나 되는지 빠르게 파악합니다. 크게 탕, 찜, 볶음, 튀김으로 나눌 수 있군요. 일행이 네 명이니 각자 식사 메뉴를 하나씩 시키고, 메인 메뉴를 하나 추가해 나눠먹으면 좋겠다는 생각이 듭니다. 슬쩍 회비가 얼마나 남았는지 확인해보니 예산도 충분합니다. 이처럼 자신이 처한 상황을 논리적으로 판단하고 분석하는 능력이 바로 체계화 능력입니다.

공감 능력이 높은 사람은 이런 상황에서 다음과 같이 생각합니다. 일행들이 평소 어떤 메뉴를 좋아했나 생각해봅니다. 오늘 기분과 상태를 볼 때 지금 주문할 수 있는 것들 중에서 가장 좋아할 만한 게 뭘까 고민합니다. 옆 테이블을 힐끔거리는 것 등 일행들의 몸짓이나 표정을 보면서 무엇을 원하는지 추측해봅니다. 이처럼 상대방의 감정에 민감하게 반응하고 섬세하게 소통하는 태도가 바로 공감 능력입니다. 이런 사람들은 감성 지능 또한 뛰어난 경우가 많습니다.

물론 모든 남성이 체계화 능력이 뛰어나고, 모든 여성이 공감 능력이 우수한 것은 아닙니다. 다만 성별에 따라 전반적으로 그런 경향이 있다는 정도만 이해하면 되겠습니다. 2가지 능력을 모두 갖추면 좋겠지만, 살펴보면 어느 한쪽이 우세한 경우가 많습니다. 그렇다면 성별에 따라 왜 이런 차이가 나타나는 것일까요? 가장 큰 이유는 바로 호르몬 때문입니다. 생물학적으로 남성에게는 테스토스테론testosterone, 여성에게는 에스트로겐estrogen이라는 호르몬이 우세합니다. 이 두 호르몬이 성별과 신체적인 특징을 결정하는 것뿐만 아니라 뇌의 발달과 사고방식에도 영향을 미치는 것이지요.

남자와 여자는 소통 방식이 다르다

이런 생물학적 차이는 고대 사회에서 남성과 여성이 생존하는 데 크게 기여했습니다. 남성은 뛰어난 집중력과 공간 지각력, 분석력을 바탕으로 위기와 맞닥뜨렸을 때 상황을 빠르게 파악하고 즉각적인 판단을 내려 효과적으로 대처할 수 있었습니다. 특히 사냥에 나서는 등 위험한 상황에서는 이런 능력이 생존의 열쇠가 되어주었지요. 사냥감을 쫓거나, 복잡한 지형을 기억하며 이동하고, 순간적으로 힘을 합쳐 공격에 나서도록 계획하는 일은 모두 높은 집중력과 판단력을 요구했습니다. 반면 여성은 탁월한 언어 능력과 공감 능력을 바탕으로 공동체 내부의 협력을 이끌고 안정된 생활 기반을 만드는 데 중요한 역할을 했습니다. 어린아이들을 돌보거나 노약자를 챙기고, 공동체 구성원들의 감정과 정보를 조율하며 유대감을 강화하는 일에 강점을 보였던 것이지요. 이런 특성은 시간이 지나며 문화와 기술이 발달한 현대 사회에서도 여전히 그 영향력을 발휘하고 있습니다. 기술은 달라졌지만 사람의 기본적인 사고 패턴과 감정 처리 방식은 크게 변하지 않은 것이지요. 그렇다면 이러한 특성의 차이는 오늘날 우리의 대화와 소통에는 어떤 방식으로 작용하고 있을까요?

주말여행을 떠나 무엇을 먹을지 메뉴를 고르는 상황을 가정해봅시다. 체계화 능력이 강한 사람이라면 '고기를 사 갈까? 아니면 조리된 음식을 사 갈까? 조리된 음식은 어디에서 얼마만큼 사야 할까?' 이렇게 논리적이고 구조적인 질문을 던지며 생각을 정리하고 문제를 차근차근 해결해 나갑니다. 반면, 공감 능력이 강한 사람은 같은 상황에서 "어제 TV에서 그 메뉴 먹는 장면이 나오더라. 그 장면에 나온 배우, 참 연기를 잘하지. 그러고 보니 예전에 다른 영화에서도 맛있게 먹는 모습으로 참 유명했어. 그 영화를 촬영한 동네가 어디였더라. 가봤니? 거기 가면 뭐가 재미있고 어떤 것들이 좋다더라." 이렇게 메뉴 선정을 끝내지도 않았는데 대화의 방향이 사방팔방 자유롭게 흘러갑니다.

이런 상황에서 서로의 소통 방식이 다르다는 것을 인정하지 않으면 다툼으로 이어지기 쉽습니다. 체계화 능력이 강한 사람은 공감 능력이 강한 사람이 왜 저렇게 메뉴 선정과 상관없는 이야기를 주절거리는지 이해되지 않습니다. 그래서 "메뉴를 고르다가 갑자기 왜 딴 얘기를 해? 대체 그게 지금 왜 중요해? 놀러 가기 싫다는 거야?"라며 상대방을 몰아붙이다가 결국 다투게 되는 것이지요. 같은 상황에서 공감 능력이 강한 사람은 단순히 어떤 음식을 먹을지보다 그 음식에 얽힌 이야기나 정서적인 연상을 통해 서로 가까워지는 것을 중요하게 생각합니다. "어제 TV에서 그 메뉴를 먹는 장면이 나왔어"라는 말은 단순히 정보를 전달하려는 게 아니라 '그 장면을 함께 떠올리며 공감하고 싶다'는 감정적 초대입니다. 그런데 상대방이 결론을 내리려고 너무 채근하면 무시당했다고 느껴 서운해집니다. 이성과의 소통에서 중요한 것은 이런 차이를 인식하고 서로의 다름을 인정하고 관계를 쌓아가는 것입니다. 그렇다면 구체적으로 어떻게 해야 할까요?

옳고 그름이 아닌 다름

서로 다른 성향을 지닌 사람들이 서로 반목하지 않고 긴밀한 관계를 유지하며 더 나은 소통을 이어가기 위해선 무엇보다 '옳고 그름'이 아닌 '다름'의 시각으로 접근하는 자세를 갖춰야 합니다. 체계화 능력이 강한 사람은 모든 대화가 해결책을 찾아내려는 목적을 가지고 있는 것이 아니라는 사실을 명심해야 합니다. "그래서?" "아, 그랬구나." "그다음엔 어떻게 됐어?" 이렇게 짧은 질문을 던지는 것만으로도 대화가 부드럽게 이어질 수 있습니다. 맞장구를 치거나 가만히 경청하는 것만으로도 상대방은 공감을 받았다고 느끼며 감정적으로 충만해지고 안정감을 느낍니다.

한편 모든 사람이 긴 대화를 통해 감정을 나누고 싶어 하는 것은 아니라는 점을 기억해야 합니다. 고민을 털어놓더라도 감정적 동조를 바라기보다는 의견을 교환해 빠르게 해결책을 찾아내는 것을 원하는 사람도 있습니다. 이런 경우에는 "그랬구나. 힘들었겠다" 혹은 "괜찮아, 힘내" 같은 공감형 응답을 건넨 뒤 "이런 방법도 괜찮을 것 같은데, 어떻게 생각해?", "혹시 이런 해결책은 시도해 봤어?"처럼 실질적인 해결책을 제시한다면 보다 효율적인 의사소통이 이뤄질 수 있습니다.

자신이 체계화형과 공감형 중 어느 쪽에 가까운지 파악하고, 상대방의 성향은 어떤지 관찰해 봅시다. 상대방이 원하는 것이 자신의 감정에 공감해주는 것인지 아니면 해결책을 찾는 것인지 구별하는 것만으로도 이성과의 소통은 훨씬 원활해집니다.

> **핵심 3문장**
>
> ▶ 남성은 해결 중심으로 여성은 공감 중심으로 대화하는 경향이 있다.
> ▶ 체계화 능력이 강한 사람은 상대방의 이야기를 들어주고 맞장구치며 대화를 이어가려는 노력을 기울일 필요가 있다.
> ▶ 공감 능력이 강한 사람은 때로 명확한 의견이나 해결책을 제시하는 것이 필요하다.

'나를 알아주는 사람'의 소통법

새로운 관계가 시작될 때 우리는 누구나 설렘과 긴장을 느낍니다. 활발하고 외향적인 사람이든 소심하고 내향적인 사람이든 누구나 마찬가지입니다. 이런 감정은 단지 성격의 차이에서 비롯된 것이 아니라 관계 속에서의 '나'를 어떻게 보여줄지에 대한 자연스러운 고민이기도 하지요. 이렇게 관계를 형성하는 과정에서 보다 빠르고 원만하게 관계를 형성할 수 있는 프로의 언어가 있습니다. 바로 상대방이 원하는 것을 그 사람의 입장에서 공감하고 그 사람이 원하는 방식으로 내가 먼저 제안하는 것입니다.

페이싱, 먼저 다가가면 마음의 문이 열린다

'상대방이 원하는 것을 상대방이 원하는 방식으로 내가 먼저 제안한다.' 굉장히 직관적이면서도 깊은 의미가 담겨 있는 문장입니다. 자칫하면 상대방에게 일방적으로 맞춰주는 '희생'이나 '헌신'으로 오해받기 쉽지만 문장이 실제 의미하는 바는 정반대입니다. 내가 먼저 상대방에게 유연한 태도를 보이면 상대방 역시 자연스럽게 나에게 맞추려고 노력하는 모습을 보입니다. 결국, 서로에게 긍정적인 반응을 유도해내는 전략적이고 기술적인 소통 방식입니다. 심리학에서는 이를 '페이싱 pacing'이라고 합니다. 페이싱은 '맞추기-맞추기-이끌기 Pace-Pace-Lead' 구조로 진행되어서 'PPL 커뮤니케이션 기법'이라고 부르기도 합니다.

페이싱 기법은 심리적 거리감을 줄이는 데 도움이 됩니다. 상대방이 나와 같거나 비슷한 파장이라고 느낄 때 우리는 강한 유대감과 연대감을 느낍니다. 자신과 비슷한 사람에게 나도 모르게 끌리는 것이지요. 아기들도 자신의 표정이나 행동을 따라 해주는 어른들에게 더 강한 호감을 느낍니다. 자신과 가장 가까운 엄마나 아빠의 행동을 따라 하는 것은 바로 이런 이유 때문입니다.

라포 형성을 위한 핵심 요소

상대방이 원하는 것을 그들이 원하는 방식으로 먼저 제안한다는 것은 단순한 배려를 넘어섭니다. 이는 곧 상대방의 말과 행동, 생각과 태도에 의식적으로 반응하며 동질감과 친밀감을 쌓아가는 과정이지요. 이처럼 사람과 사람 사이에 자연스럽게 형성되는 신뢰 관계를 심리학에서는 '라포rapport'라고 합니다. 라포를 형성하려면 '몸짓언어', '음성 언어', '언어적 표현'에 주의를 기울여야 합니다. 이를 얼마나 섬세하게 조율하느냐에 따라 친밀감의 정도와 신뢰의 질이 달라집니다. 하나하나 자세히 살펴볼까요.

몸짓언어는 상대방의 표정, 제스처, 몸의 방향이나 자세 등 우리가 흔히 '보디 랭귀지body language'라 부르는 요소들을 포함합니다. 이런 비언어적 표현을 활용해 신뢰를 형성하고 친밀감을 높이며 보다 원활한 소통을 이뤄내 라포를 강하게 형성할 수 있습니다. 대표적인 방법은 다음과 같습니다.

- 일치시키기: 상대방의 행동을 그대로 따라 하기
- 거울 반응하기: 좌우 반전을 두고 거울처럼 따라 하기
- 교차 거울 반응하기: 다른 신체 부위로 리듬이나 동작 반영하기

상대방이 오른손을 움직일 때 나도 따라서 오른손을 움직이

는 게 '일치시키기'입니다. 이때 내가 오른손이 아닌 왼손을 사용해 동작을 따라 한다면 '거울 반응'이고, 손이 아닌 머리나 다리 등 다른 신체 부위를 사용해 동작을 흉내낸다면 '교차 거울 반응'이 되는 것이지요. 자신과 비슷하게 움직이는 모습을 보면서 상대방은 무의식적으로 편안함과 유대감을 느낍니다.

이때 중요한 것은 자연스럽고 과하지 않게 반응하는 것입니다. 상대방의 몸짓언어를 모두 따라 할 필요는 없습니다. 타이밍을 놓쳤다면 그냥 흘려보내고, 익숙하지 않은 동작은 억지로 따라 하지 않아도 됩니다. 특히 기계적으로 흉내 내거나 과장되게 따라 하면 라포 형성은커녕 오히려 자신을 조롱하는 것처럼 보일 수 있습니다. 몸짓언어를 맞출 때는 적절한 선을 지키면서 자연스럽게 반응하는 것이 가장 중요합니다.

다음은 음성 언어입니다. 음성 언어는 목소리의 크기, 말의 속도, 발음, 호흡, 음정, 음색 등 이른바 '파라랭귀지 para language'를 말합니다. 음성 언어를 맞추는 가장 쉽고 효과적인 방법은 '일치시키기'입니다. 상대방의 목소리가 크면 나도 크게 이야기하고, 말하는 속도가 느리면 그에 맞춰 천천히 말합니다. 상대방이 중저음이라면 나도 평소보다 한두 음 정도 낮춰 말합니다.

호흡을 맞추는 것도 중요합니다. 박자와 리듬을 맞춘다고 생각하면 쉽게 이해할 수 있을 겁니다. 대부분의 사람이 말을 할 때 숨을 내쉬고 말을 멈출 때 숨을 들이마십니다. 말의 내용이 길어져서 중간에 호흡을 가다듬을 때도 마찬가지입니다. 숨을 들이마시면 가슴이 부풀어 오르며 어깨가 올라가고, 반대로 숨을 내쉬면 가슴이 움츠러들며 어깨가 내려갑니다. 이 움직임을 주시하면 박자와 리듬을 맞추는 데 훨씬 도움이 됩니다.

음성 언어를 일치시킬 때 주의해야 할 게 있습니다. 사투리나 그 사람만의 독특한 억양은 절대 일치시키기의 대상으로 삼아서는 안 됩니다. 자칫 잘못하면 상대방이 자신을 놀리는 것으로 받아들일 수 있습니다.

라포 형성의 마지막 요소는 언어적 표현입니다. 여기서 말하는 언어는 말의 내용뿐만 아니라 상대방이 자주 사용하는 단어나 선호하는 표현을 포함합니다. 언어를 맞추는 방법으로는 '일치시키기'와 '백트래킹'이 있습니다. 백트래킹은 상대방의 마지막 말을 반복하거나 따라 하는 것입니다. 예를 들어보겠습니다.

A: 나 어제 친구랑 영화를 봤어.
B: 친구랑 영화 봤어?
A: 응. 이번에 개봉한 ○○○.
B: 아, ○○○ 봤구나.
A: 그래. 되게 재미있더라. 배우들의 연기가 장난 아니던데?
B: 맞아. 그 배우, 연기 잘하지. 영화 재미있겠네.

이런 식으로 대화하면서 상대방의 마지막 말이나 핵심 내용을 반복하면 됩니다. 이때 무작정 따라 해서는 안 됩니다. 자칫 잘못하면 맥락도 흐름도 이상해지거나 어색해질 수 있습니다. 상대방이 말하는 내용에 가볍게 맞장구치듯 자연스럽게 반응하는 것이 좋습니다. 동의와 공감을 표현하는 동시에 내가 지금 경청하고 있다고 표시하는 것이지요. 이처럼 의미를 되짚으며 반응하는 것이 바로 백트래킹의 핵심입니다.

이때 상대방의 단어나 표현이 틀렸다고 지적하거나 고치려 해선 안 됩니다. '천장'과 '천정', '리더십'과 '리더쉽', '워크숍'과 '워크샵'. 어떤 것이 맞는 표현일까요? 물론 사전적으로는 옳은 표현이 있습니다. 그러나 우리는 지금 국어사전을 만들려는 게 아닙니다. 일상생활 속 대화에서는 그저 의미가 통하고 서로 이해할 수 있다면 충분하지 않을까요? 맞고 틀림보다는 상대방이 전달하려는 의미에 주목해야 합니다. '맞는 표현'보다 '상대방에게 익숙한 표현'이 중요한 것이지요. 페이싱의 핵심은 언제나 상대방을 존중하는 데 있다는 점을 잊지 마세요.

유목화를 통해 깊은 공감 이끌어내기

대화법을 다루는 책인 만큼 언어에 대해 좀 더 살펴보겠습니다. 언어적 표현 맞추기와 관련, 단순히 말의 내용이나 표현하는 단어를 그대로 따라 하는 것만으로는 충분하지 않습니다. 상대방의 말 속에 담긴 신념이나 가치관, 감정 등을 파악하고 이에 맞춰 반응해야 깊이 있는 공감이 가능합니다. 이를 '유목화類目化'라고 합니다. 유목화는 동급 유목화, 상향 유목화, 하향 유목화 3가지로 구분됩니다. 하나씩 예를 들어보겠습니다.

A : 날씨가 참 좋네요.
B : 그렇네요. 날씨가 참 좋습니다.

이렇게 상대방과 같은 수준에서 표현을 반복하거나 비슷한 언어로 반응하는 것이 동급 유목화입니다.

A : 날씨가 참 좋네요.
B : 날씨가 좋아서 그런지 컨디션도 한결 좋은 것 같아요.

상대방의 말을 그대로 따라 하기보다는 그 의미를 해석해 보다 상위 개념으로 확장시켜 반응하는 것이 상향 유목화입니다.

A : 날씨가 참 좋네요.
B : 그러게요. 구름 한 점 없는 게 보기 좋네요.

상대방의 말을 세분해서 보다 구체적으로 반응하는 것이 하향 유목화입니다. 또 다른 예를 들어볼까요.

A : 오늘은 정말 바빴어.
B1 : 요즘 엄청 바쁜가 보네. (동급 유목화)
B2 : 쉬엄쉬엄해. 일도 좋지만 건강이 우선이야. (상향 유목화)
B3 : 아무리 일이 바빠도 밥은 잘 챙겨 먹어야 돼. (하향 유목화)

A : 요새 항상 막차를 타고 집에 온다니까.
B1 : 매일 막차를 타고 올 정도면 너무 힘들겠다. (동급 유목화)
B2 : 엄청 중요한 일인가 보네. 잘 끝내면 여러모로 얻는 게 많을 거야. (상향 유목화)
B3 : 막차 시간이 매일 조금씩 다르던데 지하철 시간표를 미리 확인하는 게 좋겠다. (하향 유목화)

동급 유목화, 상향 유목화, 하향 유목화 모두 이야기가 술술 이어지지만 전달하는 느낌은 많이 다릅니다. 그렇다면 이 3가지 방식을 어떻게 구분지어 사용하는 게 좋을까요?
결론부터 이야기하면 정답은 없습니다. 정해진 순서나 규칙 같은 것도 없습니다. 그저 상대방이 편안하게 느끼도록 맞춰나가는 게 목적이기 때문에 모두 다 시도해보고 상대방이 어떤 것을 가장 선호하는지 살펴보면 됩니다. 상황이나 상대방이 누구인지에 따라 답은 다를 수 있으니까요.

다만 상대방이 어떤 방식을 편안해할지 파악할 만한 정보가 전혀 없다면 동급 유목화 - 하향 유목화 - 상향 유목화 순서로 적용해보는 것을 추천합니다. 대화는 최대한 편안하게 시작하는 것이 좋으니 비슷한 수준에서 맞추는 동급 유목화로 출발합니다. 이어서 내용을 구체적으로 상세하게 맞추는 하향 유목화로 넘어갑니다. 편안한 분위기를 조성할 뿐만 아니라 상대방의 말을 경청하고 있음을 알려주는 것이지요. 마지막으로 상향 유목화를 통해 보다 깊이 있는 공감을 전하면 진지하고도 솔직한 대화를 이어나갈 수 있습니다.

핵심 3문장

- ▶ 상대방과 빠르게 친밀감을 형성하려면 페이싱 기법을 활용해 말과 행동을 자연스럽게 맞춘다.
- ▶ 몸짓언어, 음성 언어, 언어를 맞추는 방식으로 일치시키기, 거울 반응하기, 백트래킹을 사용하면 상대방과 진솔한 대화를 나누는 데 도움이 된다.
- ▶ 언어적 공감을 심화하려면 유목화(동급, 상향, 하향)를 활용해 상대방의 말 속에 표현된 신념과 가치를 반영한다.

영향력을 키우는
3단계 관계 관리

관계 관리는 누군가와 친분을 유지하는 것만을 의미하지 않습니다. 새로운 사람을 만나 관계를 맺고 유지하며, 필요에 따라 이를 확장하고 개선하는 등 변화를 시도하는 것까지 모두 포함하는 개념입니다. 인간은 사회적 존재이기에 관계를 잘 맺고 유지하는 능력은 삶의 질에 큰 영향을 미칩니다.

관계 관리를 잘할 수 있는 방법은 크게 3가지 단계로 정리할 수 있습니다. 바로 인정하기, 이해하기, 연결하기입니다.

관계 관리 Step 1. 다름을 인정하기

관계 관리의 첫 번째 단계는 '인정하기'입니다. 관계의 시작은 '같음'을 찾는 것이 아니라 '다름'을 인정하는 것에서 출발합니다. 나와 남의 다름을 인정해야 하는 것이지요. 우리는 누구나 이성적으로는 나와 남이 다르다는 사실을 알고 있지만, 감정적으로는 상대방이 나처럼 말하고 행동하고 생각해주기를 바랍니다. 인간관계에서 발생하는 대부분의 갈등은, 상대가 나처럼 말하고 행동하기를 바라는 데서 비롯됩니다.

우리는 서로 다릅니다. 달라도 너무 다르지요. 그렇다면 과연 무엇이 얼마나 어떻게 다를까요? 이런 다름은 국가, 인종, 지역, 학력, 자격 같은 '보편적인 특성', 외모, 연령, 성별, 세대, 이미지 같은 '표면적인 특성', 그리고 성격, 성향, 가치관, 신념, 철학 같은 '이면적인 특성'으로 분류할 수 있습니다. 하늘 아래 같은 사람은 없습니다. 살아온 배경이 다르기에 같은 사물을 보고도 다르게 해석하고 행동하는 것입니다.

간단한 예를 들어봅시다. 앞 두 글자가 '이구'인 네 글자 단어를 봤습니다. 그런데 누구는 "이구동성"이라고 하고, 누구는 "이구아나"라고 하고, 누구는 "이구십팔(2×9=18)"이라고 합니다. 사람마다 연상하는 단어가 다른 것이지요. 이러한 차이는 각자의 배경과 경험이 다른 데서 빚어지는 결과입니다.

이런 다름을 인정하지 않고 '틀림'으로 받아들이면 갈등이 발생할 수밖에 없습니다. 사실은 옳음과 옳음이 충돌한 것에 불과한데, 익숙하지 않다는 이유로 상대방의 옳음을 '틀림'으로 단정하면 감정적 갈등이 생길 수 있습니다. 긍정적인 관계를 맺고 싶다면, 머리가 아니라 마음으로 '다름'을 수용해야 합니다. 이를 말과 행동으로 실천하려면 보다 넓고 개방적인 관점에서 대상과 현상을 바라보려고 노력해야 합니다. 다름이 느껴지는 순간마다 회피하지 말고 '저 사람은 왜 나와 다를까? 무엇이, 어떻게, 왜 다를까' 스스로에게 질문해보세요. 이런 경험이 쌓이면서 나의 관점은 유연해지고, 마음의 그릇도 넓어질 것입니다.

관계 관리 Step 2. 감정을 이해하기

'이해'란 나와 다른 상대방의 사정이나 상황에 공감하고 감정을 이입하는 과정입니다. 이입은 상대방의 입장이 되어 상상해 보는 것이고, 공감은 이입을 통해 상대방의 감정이나 정서를 함께 느껴보는 것이라고 할 수 있습니다. 이때 중요한 것은 상대방이 묻지 않는 한 '나라면 어땠을까' '나라면 이렇게 했을 것이다' 같은 말을 하지 말아야 한다는 것입니다. 이런 말은 전적으로 나의 기준에 바탕을 둔 것으로, '이해'가 아니라 '주장'으로 받아들여지기 쉽기 때문입니다. 그보다는 상대의 감정이나 상황을 탐색하는 질문을 통해 자연스럽게 이야기를 이끌어가는 것이 좋습니다. 동료가 회사 생활의 고충을 털어놓는다고 해봅시다. 새로 들어온 후배가 공용 공간인 탕비실을 지저분하게 사용해서 정중하게 정리하라고 말했더니 "저는 이 회사에 개발자로 입사한 거지 청소부로 입사한 게 아닌데요"라고 답했다고 합니다. 이런 말을 들었다면 "와, 그런 사람이 실제로 존재하는구나. 그래서 뭐라고 말해줬어?"처럼 가볍고 부드러운 질문으로 이야기를 시작합니다. 이렇게 질문을 건네며 말문을 트이게 한 뒤 상대방의 이야기를 충분히 들어주고는 "정말 힘들었겠다"처럼 감정을 인정해주는 말로 마무리합니다. 자연스럽고 공감이 오가는 대화가 완성됩니다.

반면, 공감하지 않는 대화는 대체로 판단이나 충고의 형태를 띱니다. 이런 상황에서 "확 한 대 쥐어박아버렸어야지", "나라면 정색하고 화냈을 것 같은데, 가만히 있었어?", "사회성이 좀 부족하긴 한데, 틀린 말은 아니잖아"같이 말한다면 어떨까요? 상대방의 감정을 인정하기보다는 자신의 관점을 강요하는 표현에 상대방은 무시당했다고 느끼며, 때로는 논쟁으로 이어질 수도 있습니다.

진정한 이해는 이입과 공감을 바탕으로 합니다. 그리고 그것은 자신의 기준을 앞세우지 않는 태도에서 시작됩니다. 이해의 핵심은 판단이나 조언이 아니라, 상대의 감정을 향한 진심 어린 관심임을 명심하기 바랍니다.

관계 관리 Step 3. 질문으로 연결하기

관계를 더 깊이 있게 다지기 위해서는 대화를 통해 상대방과의 연결점을 만들어야 합니다. 상대방의 말에 한 번이라도 더 질문하고, 가능한 한 성실하게 응대하면 대화는 자연스럽게 이어지고, 관계도 긍정적인 방향으로 발전합니다.

그런데 아무리 노력해도 상대방의 생각이나 감정이 도무지 이해되지 않을 때가 있습니다. 이런 경우, 무시하거나 외면하며 회피하기보다는 차라리 허심탄회하게 물어보는 것이 오히려 도움이 됩니다. 예를 들어, "내가 정말 이해가 안 돼서 그러는데, 그냥 양보하고 넘어가면 너무 속상하지 않아?"처럼 진심을 담아 조심스럽게 질문을 던져볼 수 있습니다. 또는 "이번에는 참는다 해도 다음번에도 같은 일이 생기면 네가 너무 손해 보는 거 아니야?", "한 번 보고 말 사람이 아니라면 안 되는 건 안 된다고 말하는 게 낫지 않을까?" 같은 식으로 함께 고민하는 방식의 대화도 좋습니다. 이런 질문은 자연스럽게 상대방의 질문을 이끌어냅니다. "그럼 너는 그런 상황에서 어떻게 할 거야?", "실제로 그런 경험이 있었어? 어떻게 해결했는데?" 하고 되묻는 것이지요. 이처럼 요청이 오면, 이제는 진심을 다해 답할 차례입니다. "나는 감정이 격해질 것 같아서 조용한 카페에 가서 이야기를 나눴어. 확실히 바로 말하는 것보다는 차분하게 대화할 수 있더라고"라든지, "그냥 솔직하게 내 기분을 털어놓았더니, 상대방도 이해하려고 노력하더라고"처럼 자신의 경험을 덧붙이는 것도 도움이 됩니다.

　허심탄회한 질문과 성실한 답변이 오가면서 서로의 관점이 공유되고, 자연스럽게 관계의 연결이 이뤄집니다. 다만, 그전에 반드시 상대방의 감정을 충분히 인정하고 이해하는 과정이 선행되어야 합니다. 그렇지 않으면, 이런 대화가 연결이 아닌 강요처럼 느껴질 수도 있기 때문입니다. 연결은 '상대가 요청했을 때, 마지막 단계에서 조심스럽게' 시도되어야 합니다. 이러한 대화 방식은 서로의 간격을 조금씩 좁혀주고, 서로의 관계를 지속적으로 유지하고 개선하는 데 크게 도움이 됩니다.

핵심 3문장

- ▶ 관계 관리는 '첫 관계 형성 ➡ 유지 및 확장 ➡ 개선과 변화'를 포함하는 개념으로, 다름을 인정하는 것이 출발점이다.
- ▶ 상대방을 이해하려면 공감과 감정 이입이 필요하다. 섣불리 조언하거나 자기 기준을 강요하지 말고 질문을 통해 관계를 이끌어나간다.
- ▶ 상대방과 연결되려면 허심탄회하게 질문하고 성실히 응답하면서 자연스럽게 서로의 관점을 공유하는 과정이 필요하다.

첫인상을 결정하는 비즈니스 매너

사회생활에서 비즈니스 매너는 형식이나 격식을 넘어 상호 존중과 배려를 전제로 한 소통의 기술입니다. 물론 사람마다 사회에 진출하는 시점이 다르고 업종, 직무, 지역, 회사의 규모나 문화도 천차만별이지만, 어디서나 통하는 기본적인 예절은 있습니다. 이 기본이 지켜지지 않으면 크고 작은 오해가 불거지며 감정 소모가 생기게 마련입니다. 남녀노소 모두가 서로를 존중하고 배려하며 개념 있는 사회인이 되기를 바라는 마음으로 가장 보편적이고 실용적인 비즈니스 소통 예절과 매너를 때와 상황에 맞춰 구분하고 정리해봤습니다.

첫인상을 좌우하는 인사 예절과 매너

인사는 비즈니스 매너의 첫걸음입니다. 남녀노소, 지위고하를 막론하고 처음 얼굴을 마주했다면 먼저 웃으면서 간단한 인사말을 덧붙여 적극적으로 인사를 합시다. 아침에 출근했을 때 그저 쭈뼛거리며 고개만 까딱하는 것보다는 "안녕하세요", "오셨습니까", "좋은 아침입니다", "오늘도 파이팅합시다" 같은 인사말을 덧붙이면 훨씬 보기 좋습니다.

상황과 상대방에게 맞는 인사법도 중요합니다. 가볍게 고개만 숙이는 눈인사인 목례, 허리를 15도 정도 숙이는 약례, 30도 정도 숙이는 보통례, 45도 정도 깊이 숙여서 하는 정중례 등 각각의 인사법을 상황과 관계에 따라 적절히 사용할 수 있어야 합니다. 하나하나 짚어보겠습니다.

목례는 같은 사람과 여러 번 마주쳤거나, 본인 혹은 상대방이 통화 중이거나 양손에 짐을 들고 있어 격식을 차려 인사하기 어려운 경우에 자연스럽게 사용할 수 있습니다. 또한 마주친 사람 중 한 명은 잘 알지만 다른 한 명은 모르는 상황, 즉 딱히 소개받을 여건은 아니지만 예의상 인사는 나눠야 할 때도 목례가 적절합니다.

약례는 복도, 엘리베이터, 화장실처럼 좁고 이동이 잦은 공간에서 자연스럽게 마주쳤을 때 사용하는 가벼운 인사입니다. 동급자나 하급자, 친한 사람에게도 사용되며, 말 대신 몸짓으로 인사해야 할 상황에도 유용합니다. 교육이나 회의에 늦어 미안한 마음을 간단히 표현하거나 여러 번 마주쳤지만 목례를 하기엔 애매한 상급자나 고객에게 예의를 갖추고 싶을 때도 적합합니다.

보통례는 공식적인 상황에서 가장 일반적으로 사용하는 기본적인 인사법입니다. 처음 만나는 사람이나 상급자, 고객을 대할 때처럼 공손함을 갖춰야 하는 경우에 주로 사용됩니다. 출근길이나 회의 전후, 상사와 처음 마주치는 자리, 거래처와의 만남 등 일상 속에서도 자주 활용되는, 조직 생활의 기본이 되는 인사법이라고 할 수 있습니다.

정중례는 감사나 사과의 마음을 진정성 있게 전달할 때 사용하는 인사법입니다. 면접, 시무식과 종무식, 워크숍, 공식 발표회처럼 격식이 필요한 공식 석상에서는 단정한 태도로 정중례를 하는 것이 바람직합니다. 특히 회사의 VIP 등 귀빈을 맞이할 때도 이 인사법이 적합합니다.

인사를 할 때는 허리를 곧게 편 바른 자세로 몸통 전체를 숙이고 양손을 포개 배꼽 위치에 놓는 공수가 기본입니다. 이때 여성은 오른손을 위에 올리고, 남성은 왼손을 위에 올리는 '여우남좌'가 일반적인 기준이니 참고하세요. 사소한 것 같지만 정성스럽게 인사하는 태도는 사람 간에 존중과 신뢰를 쌓는 출발점입니다.

서로를 존중하는 말의 시작, 호칭 예절

호칭은 많은 사람들이 헷갈려 하고 생각보다 빈번하게 갈등과 오해의 씨앗이 되는 민감한 부분입니다. 핵심은 기본적인 원칙을 지키면서 회사의 조직 문화를 자연스럽게 반영하는 것입니다. 이를 위해서는 직위, 직급, 직책을 구분하는 게 시작입니다. 먼저 용어를 정리해볼까요?

직위는 회사 내 서열 체계를 말합니다. 일반적으로 사원, 주임, 대리, 과장, 차장, 부장, 이사, 상무, 전무, 부사장, 사장, 부회장, 회장 순으로 높아집니다. 직급은 호봉제가 적용되는 회사에서 사용되는 용어입니다. 대개 9급부터 1급까지, 1호봉부터 9호봉까지 나눕니다. 직책은 직무상 책임과 권한에 의해 부여되는 보직으로, 직위와 별개의 개념입니다. 대개 파트장, 팀장, 실장, 본부장, 사업부장 등으로 구분합니다. 이런 기본을 바탕으로 나보다 상급자라면 성씨와 직위, 존칭을 붙여 호칭합니다. '박 차장님', '정 부장님' 이렇게요. 단둘이 있는 상황이라서 다른 사람과 혼동될 리 없다면, 성은 생략하고 직위와 존칭으로만 부르는 것도 가능합니다. 동급자는 성과 직위만으로 부릅니다. 예를 들어 '김 대리', '최 과장' 이렇게요. 물론 직위가 같더라도 나보다 나이가 많거나 입사 연차가 높다면 당연히 존칭을 붙여야 합니다. 하급자는 일반적으로 동급자와 동일하게 성과 직위를 붙여 부릅니다. '이 주임', '김 대리' 이렇게요. 다만 사원이나 인턴처럼 호칭으로 삼을 만한 직위나 직책이 따로 없다면 '○○ 씨', '○○○ 님'처럼 이름을 부르는 게 적절합니다. 이런 호칭법을 기본으로 우리 회사의 조직 문화가 수직적이라면 압존법을 적용합니다. 예를 들어, 김 대리가 최 부장에게 이 과장과의 회의 내용을 전달하는 상황이라면 "부장님, 이 과장이 이렇게 이야기했습니다"라는 식으로 표현하는 것이지요. 대리인 나보다는 이 과장이 상급자이지만 셋 중에서는 최 부장이 가장 상급자이기 때문에 최 부장을 높이는 겁니다.

수평적인 조직 문화를 추구하는 회사에서는 전 직원을 영어 이름이나 닉네임으로 부르기도 합니다. 전 직원의 호칭을 '프로', '코치', '매니저'로 통일하는 경우도 있습니다. 이런 회사에 소속되어 있다면 내부에서는 회사의 조직 문화대로 호칭하고, 다른 회사 관계자들을 만났을 때는 앞서 소개한 호칭법을 사용합니다.

단정함은 신뢰의 시작, 복장 예절

비즈니스 환경에서 첫인상을 가장 빠르게 결정짓는 요소는 바로 용모와 복장입니다. 아무리 실력이 뛰어난 사람이라도 단정하지 않은 모습을 보인다면 전문성과 신뢰감이 떨어지게 마련입니다. 따라서 비즈니스와 관계된 자리에서는 개인의 취향보다 공적인 자리에 맞는 복장을 갖춰야 합니다.

한때는 남자는 정장에 넥타이, 여자는 블라우스에 스커트를 갖춰 입는 것이 당연하게 여겨졌지만, 이제 그런 정형화된 복장 규정은 옛말이 되었지요. 개인의 자율성과 취향을 존중하는 문화가 보편화되면서 요즘은 자율 복장 제도를 적용하는 회사가 대부분입니다. 공무원들도 웬만하면 넥타이를 매지 않는 분위기입니다. 그렇더라도 '단정함'은 여전히 중요한 기준입니다. 노출이 과하거나, 청결 상태가 불량하거나, 지나치게 자극적인 색상이나 무늬가 있는 화려한 옷차림, 맨발에 슬리퍼를 신은 가벼운 차림새는 같은 공간에서 함께 일하는 동료들에게 불쾌감을 줄 수도 있으니 피해야 합니다.

용모와 복장 역시 우리 회사만의 조직 문화가 있다면 이를 준수해야 합니다. 전체 회의 때는 정장을 입기로 정했으면 그날만큼은 정장 차림을 해야 합니다. 단체복이 있는 회사라면 더더욱 이를 입어야 합니다. "어디에 뒀는지 모르겠어요", "저는 그런 옷은 입지 않아요"라고 말하며 삐딱하게 굴기보다는 신경 써서 관리하는 게 좋겠지요. 용모 또한 복장만큼 중요합니다. 머리는 깔끔하게 정리하고, 손톱이나 구두 등 세세한 부분까지 신경 써야 합니다. 당신의 인상은 의외로 작은 부분에서 결정됩니다.

출퇴근하는 데도 예절이 있다

출근할 때 단순히 "지각하지 않는 것"만으로는 충분하지 않습니다. 언뜻 시간만 맞추면 되는 것 아니냐고 생각할 수 있지만, 그 이면에는 태도와 책임감이 담겨 있습니다. 하루는 엘리베이터를 기다리고 있는데, 헐레벌떡 뛰어오는 남자가 보였습니다. 엘리베이터 앞에 선 그는 내내 다급한 표정으로 시계만 보고 있어요. 누가 봐도 지각한 사람의 모습이었죠. 그런데 제 눈을 의심하게 만드는 게 있었습니다. 바로 그의 한 손에 들려 있는 커피였습니다. 방금 막 포장해서 받아 온 것처럼 김이 모락모락 나는 따뜻한 커피였지요. 지각할 것 같다면 커피는 건너뛰는 게 상식 아닐까요? 누가 봐도 지각한 상황인데 굳이 커피를 챙겼다는 점이 인상적이었습니다. 이런 것이 기본 개념이고 매너입니다.

회사 출근 시간이 9시로 정해져 있다면 지각의 기준은 몇 시일까요? 8시 59분에 문을 열고 들어와도 지각입니다. 9시에 바로 업무를 시작할 수 있어야 정시 출근했다고 할 수 있습니다. 퇴근 시간 역시 마찬가지입니다. 6시에 업무를 손에서 놓아야지 5시 30분부터 마음이 붕 떠 있으면 근태 불량입니다.

한 인터넷 커뮤니티에서 '9시 출근이라 9시에 왔는데 뭐가 문제죠'라는 글이 크게 화제가 된 적이 있습니다. 사회생활이란 그렇게 1분 1초를 따져가며 흘러가지 않습니다. 규정에 앞서 '관계'가 더 중요하기 때문이죠. 이렇게 예절과 매너에 대해 굳이 이야기하는 것 역시 회사가 정한 규칙과는 별개로 사람과 사람 사이의 관계를 원만하게 유지하는 데 필요한 내용이기 때문입니다.

간혹 야근하는 동료나 당직자에게 인사도 없이 조용히 퇴근한다는 사람들이 있습니다. 하지만 그 일을 대신 맡아서 해줄 게 아니라면 "먼저 들어가겠습니다", "식사는 꼭 챙겨드세요"라고 간단히 인사를 건네고 회사 문을 나서야 합니다. 그래야 다음에 야근자와 당직자의 입장이 바뀌더라도 편하게 대할 수 있습니다.

핵심 3문장

- 적절한 인사법(목례, 약례, 보통례, 정중례)과 정확한 호칭 사용(성 + 직위 + 존칭)은 비즈니스 매너의 기본이다.
- 출퇴근 시간 준수, 적절한 용모와 복장, 업무 공간에서의 기본적인 예절(존중과 배려) 지키기는 직장 내 관계 형성과 업무 효율성을 높이는 중요한 요소다.
- 사회생활은 단순히 규칙을 준수하는 것보다 '관계'가 핵심이다. 인사와 배려는 조직에서 긍정적인 이미지를 형성하고 원활한 커뮤니케이션을 가능하게 해준다.

직장에서 인정받는 사람들의 말습관

　　우리는 살아가면서 수많은 사람과 관계를 맺고 소통합니다. 그리고 그 관계 속에서 인정받고 좋은 평가를 얻고 싶어 합니다. 타인의 평가를 '평판'이라고 하는데, 특히 직장에서의 평판은 인간관계뿐만 아니라 업무 성과와 경력 발전에도 큰 영향을 미칩니다. 직장은 우리가 하루 중 가장 많은 시간을 보내는 곳이자 다양한 관계가 얽혀 있는 공간이기 때문이지요.

　　그렇다면 직장에서 평판이 좋은 사람들은 어떻게 말할까요? 단순히 듣기 좋은 말을 한다고 해서 좋은 평판을 얻을 수 있는 건 아닙니다. 이들에게는 몇 가지 공통된 특징이 있습니다. 바로 '전문성', '정중함', 그리고 '긍정'이 담긴 말투를 사용한다는 점입니다.

전문성 있는 말투가 신뢰를 만든다

전문성은 지식의 깊이에서만 나오는 게 아닙니다. 어떤 태도로 소통하느냐에 따라 전문성이 돋보이기도 합니다. 업무와 관련된 질문을 받았을 때, "아마 가능할 거예요", "저희가 가지고 있을 수도 있어요"처럼 애매하게 답하면 신뢰도가 떨어집니다. 정확한 정보나 지식이 없더라도 대답을 얼버무리지 말고 "정확한 내용을 확인한 후 빠르게 답변 드리겠습니다"라고 말해보세요. 즉시 답하지 못하더라도 책임감이 느껴지는 태도가 신뢰감을 줍니다.

전문성은 상대방에게 '나는 정확한 정보를 제공하는 사람'이라는 인식을 심어주는 것에서 시작됩니다. "그냥 이렇게 하면 되잖아요." "규칙을 너무 따지면 일 못 해요." "예전부터 이렇게 해왔으니까 그냥 하면 돼요." 이런 표현은 곤란한 상황을 모면하는 데 도움이 될지 몰라도, 결국 기준 없이 일하는 사람이라는 인상을 줄 수 있습니다.

반면, "원칙을 지키는 것이 결국 가장 효율적인 방법입니다", "지금 잠깐 편한 것보다는 조금 멀리 내다봐야 합니다" 같은 말은 책임감과 장기적인 시각을 가진 사람이라는 신뢰감을 줍니다.

말투 하나로 그 사람의 태도와 직업의식이 드러나는 것이지요. 전문성이 느껴지는 말투는 동료들뿐만 아니라 상사, 고객, 협력사의 신뢰를 이끌어내는 데도 도움이 됩니다.

정중한 말투가 관계를 만든다

직장에서 평판이 좋은 사람들은 대체로 말투에 정중함이 배어 있습니다. 단순히 말을 듣기 좋게 하는 것이 아니라 상대방을 배려하는 태도가 느껴지는 말투를 사용한다는 의미입니다.

"이거 빨리 보내주세요"라고 하는 것과 "혹시 가능하다면 이 부분을 먼저 처리해주실 수 있을까요?"라고 하는 것 중 어느 쪽이 더 듣기 좋은가요? 같은 내용을 전달해도 말투에 따라 상대방이 느끼는 감정은 확연히 달라집니다. 몇 가지 사례를 들어봅시다. "급한 사안이라 전화를 먼저 드렸습니다. 지금 통화 가능하실까요?" 이렇게 말하면 상대방은 '나를 배려해주는 사람이구나' 하고 느낍니다. 그런데 "이거 어떻게 하는 거예요?", "내용이 이상하네요. 다시 보내주세요"처럼 말하면 불필요한 반감만 유발합니다. 이처럼 부탁이 아니라 명령처럼 들리는 말투는 상대방의 협조를 이끌어내기 어렵습니다.

정중한 말투를 갖는 것은 경청하는 태도에서 시작합니다. 상대방의 말을 끝까지 듣고 그에 대해 피드백하는 사람은 좋은 평판을 얻습니다. 여기에 더해 동료들의 공헌을 인정하고 감사의 표현을 자주 하는 것도 중요합니다. "제가 했어요"라는 말보다 "동료들 덕분에 잘 마무리할 수 있었어요"라고 말하는 사람이 더 좋은 인상을 줍니다.

긍정적인 말투가 분위기를 만든다

같은 상황도 어떤 말투로 표현하느냐에 따라 분위기가 전혀 달라집니다. 새로운 업무를 맡게 되었을 때, "이거 왜 이렇게 어려워요?"라고 말하기보다는 "새로운 일을 배울 수 있는 기회네요! 혹시 관련 자료가 있을까요?"라고 말해보세요. 어떤 문제가 생겼을 때, "아무리 해도 안 될 거 같은데요"라고 말하기보다는 "다 같이 해결 방법을 찾아볼까요?"라고 말하는 게 상황을 해결하는 데 훨씬 도움이 됩니다.

부정적인 말은 말하는 사람뿐만 아니라 듣는 사람의 기운까지 빼앗아갑니다. 반면, 긍정적인 말은 분위기를 좋게 만들어 생산적인 결과를 이끌어내지요. 특히 팀 단위로 일하는 경우에는 말 한마디가 팀의 사기를 좌우하니 특히 주의해야 합니다. "우리가 이 일을 할 수 있을까요? 안 될 것 같은데요"라고 말하기보다는

"더 어려운 일도 해냈으니 이 정도는 충분히 해낼 수 있을 겁니다!"라고 말하는 사람이 팀의 분위기를 이끌게 마련입니다.

긍정적인 말투가 현실을 부정하고 낙관적으로만 말하는 것을 의미하는 것은 아닙니다. 핵심은 '어떤 어려움이 있어도 해결할 방법을 찾을 수 있다'는 태도를 유지하는 것입니다.

평판을 완성하는 것은 태도다

좋은 평판을 얻고 싶다면 말과 행동이 일치해야 합니다. 예를 들어볼까요. 어떤 사람이 "내일 오전까지 연락드리겠습니다"라고 말했습니다. 그렇다면 적어도 정오가 되기 전에는 연락해야 합니다. 약속한 시간까지 일이 끝나지 않았다면 "예상보다 시간이 더 걸리네요. 오후까지 마무리해서 다시 연락드리겠습니다"라고 상황을 공유해야 합니다. '일단 다 끝내고 오후에 연락하면 되겠지'라고 생각해 연락을 미루는 안일한 행동은 자칫 약속을 잘 안 지키는 사람이라는 인상을 심어줄 수 있습니다. 사소한 행동들이 반복되면서 신뢰가 쌓이는 것처럼 신뢰가 무너지는 것 역시 사소한 행동 때문입니다.

직장에서 좋은 평판을 얻기 위해서는 말을 듣기 좋게 하는 것만으로는 부족합니다. 전문성 있는 말투로 신뢰를 쌓고, 정중한 말투로 배려와 존중을 표현하며, 긍정적인 말투로 팀과 조직에 좋은 영향을 줘야 합니다. 여기에 약속을 지키는 태도가 더해진다면 누구나 조직에서 신뢰받는 사람이 될 수 있습니다.

좋은 말은 좋은 관계를 만들고, 좋은 관계는 좋은 기회를 만듭니다. 오늘부터 자신의 말투를 점검해보고, 보다 긍정적이고 정중한 커뮤니케이션을 실천해보기 바랍니다. 작은 변화가 큰 차이를 만듭니다.

핵심 3문장

- ▶ 전문성 있는 말투는 신뢰를 만든다. 모호한 표현 대신 정확한 답변을 하고 확인 후 회신하겠다는 책임감 있는 태도를 보이면 신뢰를 얻을 수 있다.
- ▶ 정중한 말투는 관계를 형성한다. 요청할 때는 명령이 아닌 배려의 표현을 사용하고, 동료들의 공헌을 인정하며, 감사 인사를 자주 하면 좋은 평판을 쌓을 수 있다.
- ▶ 긍정적인 말투는 분위기를 바꾼다. 문제 상황에서 해결 방법을 찾으려는 태도와 희망적인 언어를 사용하면 조직의 분위기를 개선하고 협업이 원활해진다.

'꼰대'는 모르는 듣기의 기술

'꼰대'. 좋은 말은 아니지만 꽤 흔히 듣는 말이지요? 원래는 권위적인 태도와 언행을 보이는 나이 많은 사람을 일컫는 은어이지만, 이제는 나이를 불문하고 자신의 생각만 옳다고 믿고 남을 가르치려 드는 태도를 비판하는 용어로 사용되고 있습니다. 그런데 여기서 생각해봐야 할 게 있습니다. 꼰대라는 단어 자체가 적절한 표현일까요? 누군가를 꼰대라고 부르는 순간, 우리는 그 사람을 '융통성 없는 사람'으로 규정해버리게 됩니다.

어원을 살펴보면, 이 단어는 '번데기처럼 주름이 자글자글한 늙은이'라는 뜻의 영남 사투리 '꼰데기'에서 유래했다는 설도 있고, 일제강점기 시절 일본인들에게 아부하며 권세를 누리던 이들을 지칭하는 단어인 프랑스어 '콩테comte(백작)'에서 비롯되었다는 주장도 있습니다. 두 경우 모두 상대방을 깎아내리는 의미를 담고 있지요. 문제의 핵심은 '나는 옳고 너는 틀렸다'는 태도에 있습니다. 권위적인 태도는 나이와 상관없이 누구나 가질 수 있다는 점을 기억해야 합니다.

남녀노소 불문하고 꼰대가 되는 말

나이가 많다고 해서 무조건 꼰대가 되는 것은 아닙니다. 반대로 젊다고 해서 꼰대가 아닐 거라는 보장도 없습니다. 진짜 문제는 나이나 직급이 아니라 타인을 배려하지 않는 말과 태도에 있습니다. 그런 말투와 행동이 결국 사람들을 불편하게 만들고, 꼰대라는 인식을 심어주는 것이지요. 대표적인 예가 바로 '라떼 화법'입니다. "내가 네 나이였을 때는 말이야……." "내가 네 직급이었을 때는 말이야……." 이런 말은 얼핏 들으면 자신의 경험을 공유하려는 것 같지만, 실제로는 '나는 과거에 이런 어려움을 겪었으니 네가 그런 일을 겪는 것도 당연하다.' '나도 해냈으니 너도 해내야 한다' 같은 무언의 강요가 숨어 있습니다.

하지만 프로는 과거가 아니라 '현재'를 이야기해야 합니다.

"지금 가장 시급하게 해결해야 할 문제가 뭐라고 생각하나요?", "혹시 이런 방법을 사용해본 적 있나요?" 이처럼 상대방이 현재 직면한 문제를 이해하고 해결할 수 있도록 돕는 것이 진정한 프로의 태도입니다. 그런데 젊은 세대 역시 꼰대처럼 행동할 때가 있습니다. "내 할 일 다 했는데, 왜 그러세요?", "이게 뭐 어때서요?"라며 타인의 지적에 무작정 반박하는 것이지요. 물론 개인의 자유와 권리는 중요합니다. 그러나 자유에는 책임이 따르고, 개인의 권리는 공동체의 질서를 해치지 않는 선에서 발휘되어야 한다는 점을 잊지 말아야 합니다. 게다가 조직에서는 때때로 개인보다 팀 전체, 나아가 조직의 목표가 우선시되기 마련입니다. 자신의 권리만 주장하다 보면 본의 아니게 '이기적인 사람'으로 보일 수도 있습니다. 말을 하기 전에는 '이 말이 조직 전체에 어떤 영향을 줄 것인가?'를 한 번 더 생각해보기 바랍니다.

꼰대어에 숨겨진 진짜 의미

꼰대 같은 말투는 단순히 직설적이거나 강압적인 화법이 아닙니다. 그 속에는 교묘하게 상대방의 자유를 제한하거나, 자신의 기득권을 유지하려는 의도가 숨어있습니다. 대표적인 예를 표로 정리했습니다.

꼰대어	숨겨진 뜻
내 아들(딸) 같아서 하는 말인데…….	주도권과 기득권은 내가 가질게.
내 말 기분 나쁘게 듣지 말고…….	자, 지금부터 기분 나쁜 말 시작할게.
나보다 10년은 젊은 놈이 말이야, 그걸 못 해?	나도 못 했지만 넌 못 하면 안 돼.
네가 아직 몰라서 그러나 본데…….	어? 나보다 더 잘 아네?
자꾸 같은 말 하게 만들지 말고…….	나는 네 말을 못 알아듣겠어.
다 너 잘되라고 하는 소리 아니냐.	잘 되면 내 덕, 안 되면 네 탓.
새파랗게 어린 ××가…….	내가 졌다. 근거도 논리도 이치도 명분도 너보다 더 부족하다. 하지만 내가 이기면 안 될까?
아니, 이 어린 ××가 근데 끝까지…….	그만해. 내가 졌다니까.

 표의 예문에는 공통점이 있습니다. '나는 옳고 너는 틀렸다'는 확신이 바탕에 깔려 있다는 것이지요. 흔히 자신보다 나이가 한 살이라도 많은 사람을 흉보거나 깎아내리기 위한 수단으로 꼰대라는 표현을 사용하는데, 사실 연령을 불문하고 누구나 꼰대가 될 수 있습니다.

진짜 어른이자 지성인이 될 수 있는 말하기 방법

꼰대가 아닌 '진짜 어른'이 되기 위해선 어떻게 말해야 할까요? 타이밍, 매너, 자문자답 3가지 측면에서 설명하겠습니다.

첫째, '말하는 타이밍'이 중요합니다. 정말 좋은 의도로, 진실된 마음에서 건네는 조언도 타이밍이 맞지 않으면 잔소리처럼 들릴 뿐입니다. 같은 말도 잔소리가 아니라 조언이 될 수 있는 타이밍을 찾는 것은 생각보다 어렵지 않습니다. 상대방이 듣고 싶어 할 때, 도움을 청할 때 해주는 말이 조언입니다. 이런 순간을 제외하면 다 잔소리처럼 들릴 거라고 생각하면 됩니다.

"이 부분을 이해하기 어려워서 그러는데 알려주실 수 있으신가요?", "A랑 B 중 무엇을 선택해야 할지 너무 고민됩니다. 이럴 땐 어떻게 하는 것이 좋을까요?", "이 분야에 대해 잘 아신다고 들었는데 저 좀 도와주실 수 있으세요?"라고 상대방이 요청할 때가 바로 최적의 조언 타이밍입니다. 그전까지는 해주고 싶은 말이 많더라도 참아야 합니다. 단지 들어주고 물어봐주는 것만으로도 충분합니다.

둘째, '매너'입니다. 영화 명대사가 하나 떠오르는군요. "매너가 사람을 만든다." 명언 중 명언입니다. 그만큼 매너는 중요합니다. 언어 매너의 기본은 존칭 사용과 경청, 인정하기입니다. 누구나 돈 들이지 않고, 힘들이지 않고도 지킬 수 있는 기본 중 기본이지요. 하나하나 자세히 정리해보겠습니다.

대화하는 상대방이 누구든 간에 존칭을 사용해야 합니다. 반말은 상호 협의와 동의가 있은 다음에야 사용합니다. 협업한 지 10년이 되어가는 파트너로 저보다 나이가 다섯 살이나 많은데도 지금도 여전히 사석에서도 존칭을 고수하는 분이 있습니다. 자연스럽게 저 역시 더욱 행동을 조심하게 되고 보다 예의를 갖추게 되니 참 긍정적인 선순환이라 생각합니다.

상대방의 말을 끊지 않고 끝까지 듣는 경청의 중요성은 아무리 강조해도 지나치지 않습니다. 앞서 타이밍의 중요성을 설명한 바 있습니다. 이와 연결하면 더욱 큰 효과를 발휘합니다. 잠깐 할 말을 참는다고 해서 큰일이 생기지 않습니다. 내가 말할 순서와 기회는 자연스럽게 돌아오게 마련이니 상대방이 말하고 있다면 하고 싶은 말이 있어도 잠시만 참고 끝까지 들어줍시다.

인정하는 것도 중요합니다. 세상에 완벽한 사람은 없습니다. 누구나 실수를 합니다. 모르는 게 있을 수도 있지요. 모르는 건 모른다고 솔직히 말합시다. 알려줄 수 있으면 알려달라고 하세요. 상대방의 의견이 더 좋으면 좋다고 말하면 됩니다, 실수했다면 실수했음을 인정하세요. 앞으로는 더 신경 쓰겠다고 시원하게 인정하는 것이야말로 매너의 완성입니다.

셋째, '자문자답'입니다. 꼰대가 되는 것을 막아주는 유용한 질문이 몇 가지 있습니다. 스스로에게 질문하고 생각해봅시다.

'내가 틀렸을 수도 있지 않나?' 만약 그런 것 같다면 '한 번 더 살펴보고 생각해보자'며 스스로 다짐하면 됩니다. 이어서 '내가 바꿀 수 있는 사람이 있을까?' 질문합니다. 그럴 만한 대상이 없다는 판단이 들면, '변화란 당사자 스스로 시도해야 바람직하지. 나는 그저 좋은 쪽으로 바뀔 수 있도록 응원해주고 도와주자'고 마음먹으면 충분합니다. '나는 혹시 답정너(답은 정해졌으니 너는 대답만 해)인가?'라고 질문해보고 그런 것 같다는 생각이 들면 '말을 많이 하지 말고 많이 듣자. 결론을 내리지 말고 물어보자' 이렇게 되새기면 됩니다. 스스로에게 이런 질문을 던지면서 우리는 듣는 이의 입장에서 말할 수 있게 됩니다. 그러면서 타인을 향한 깊은 배려가 점점 몸에 배게 되니 꼭 시도해보기 바랍니다.

핵심 3문장

- ▶ 상대방이 조언을 요청할 때만 말하고, 그전에는 들어주는 것이 가장 좋은 대화법이다.
- ▶ 존칭을 사용하고, 상대방의 말을 끊지 않으며, 실수를 인정하는 태도는 서로를 존중하는 선순환을 만든다.
- ▶ '내가 틀릴 수도 있지 않을까?', '이 말을 꼭 해야 할까?', '상대방이 바뀌길 강요하는 건 아닐까?' 이런 질문을 스스로에게 던지면 꼰대 화법을 예방할 수 있다.

3장 소통

짧은 대화에도 구조가 필요하다

강사를 두고 흔히 '말로 먹고사는 직업'이라고 합니다. 그래서인지 제 직업을 알게 된 분들은 저에게 늘 비슷한 질문을 던집니다. "어떻게 하면 말을 잘할 수 있나요?" 그때마다 제 대답은 언제나 똑같습니다. "저는 말을 잘하지 않습니다. 그냥 쉽게 말하려고 노력할 뿐이죠." 우리는 매일 수많은 사람들과 대화를 나눕니다. 당연히 누구나 말을 잘하고 싶어 합니다. 말을 잘해서 득이 되었으면 되었지 손해를 볼 일은 없거든요.

프로는 어려운 내용을 쉽게 전달하고, 아마추어는 쉬운 내용도 어렵게 설명한다는 말이 있습니다. 사실 모든 사람들이 프로처럼 말하지는 못합니다. 왜 그럴까요? 말, 대화, 언어, 화법에 대해 잘못된 인식이 많거든요. 프로처럼 소통하기 위해서는 3가지를 기억해야 합니다. 첫째, 말솜씨는 절대 타고난 재능이 아닙니다. 둘째, 뛰어난 말솜씨를 가지려면 말에서 힘을 빼야 합니다. 셋째, 누구나 연습을 통해 말솜씨를 발전시킬 수 있습니다.

제가 바로 산증인입니다. 겸손을 떨려는 게 아니라 사실입니다. 저는 여섯 살 때까지 말을 거의 하지 못했습니다. 아직도 생생하게 기억납니다. 밥을 먹다가 물이 먹고 싶은데 말을 할 줄 모르니

겨우 "무"라는 소리를 내면서 입술을 부르르 떨었지요. 가족들의 걱정이 오죽했을까요. 그런 제가 지금은 말을 많이 하는 것도 모자라 직업으로 삼고 있습니다. 어쩌면 그때 그 시절, 제대로 표현하지 못했던 한을 지금 풀고 있는 것인지도 모르겠네요.

제가 강의를 시작한 지 어느덧 20년 가까이 되었습니다. 강의를 할 때면 "쉽게 설명해주셔서 귀에 쏙쏙 들어왔어요"라는 평을 가장 많이 듣습니다. 이는 제가 의도한 바이기도 하고, 업계에서 오랫동안 신뢰받을 수 있었던 비결이기도 합니다.

그 비결은 단순합니다. 강의할 때 전문용어, 고급 어휘, 과시하는 듯한 외국어, 격식이나 체면 따위는 최대한 자제하고 어떻게든 말에서 힘을 빼는 데만 신경 씁니다. 같은 내용이라도 보다 쉽고 편하게 들려야 더 잘 집중하고, 더 잘 이해할 수 있기 때문입니다.

저는 따로 스피치 훈련을 받아본 적이 없습니다. 그런데도 사람들은 제가 당연히 전문적인 훈련을 받았을 거라고 짐작합니다. 물론 여건이 따라준다면 전문가의 도움을 받는 것도 좋지만, 굳이 배우지 않아도 조금만 노력을 기울이면 누구나 프로답게 말할 수 있습니다. 그 비법을 지금부터 하나하나 알려드리겠습니다.

프로는 어떻게 말을 설계하는가

"여러분, 다들 말할 줄 아시죠?"

의사소통을 주제로 강의할 때면 늘 청중에게 던지는 질문입니다. 그러면 대부분 씩씩하게 "네!"라고 대답합니다. 이어서 다시 묻습니다. "그럼 다들 대화도 잘하시죠?" 이번에는 드문드문 "아니요"라는 답변이 들려오거나 침묵이 흐릅니다. 이상하지 않습니까? 말을 할 줄 아는데 어째서 대화에는 자신이 없는 걸까요?

인간은 대화를 통해 서로의 생각과 감정을 주고받습니다. 인류가 구술 언어를 사용하기 시작한 시기는 16만 년에서 35만 년 전으로 추정될 만큼 말의 역사는 유구합니다. 그럼에도 불구하고 많은 사람이 여전히 타인과 소통하는 것을 어렵게 느낍니다. 이유는 간단합니다. 말이 의도한 대로 전달되지 않는 경우가 많기 때문입니다. 이로 인해 생기는 오해와 갈등은 우리 일상 곳곳에서 쉽게 발견할 수 있습니다.

그렇다면 우리가 내뱉은 말이 이렇게 변질되는 이유는 무엇일까요? 우리는 흔히 자신의 서툰 말솜씨를 탓하거나, 말 잘하는 능력은 타고나는 것이라고 단정합니다. 그러나 대화가 원활하지 않은 진짜 원인은 언변이나 화술이 부족하기 때문이 아닙니다. 문제는 말의 내용이 정확히 전달되지 않는 데 있습니다.

약속에 늦은 A가 먼저 도착한 B에게 전화를 걸어 위치를 묻습니다.

A : 제가 초행길이라 그런데, 지금 계신 카페 위치를 알려주시겠어요.

B : 큰길 모퉁이에 마트 보이죠? 거기서 오른쪽으로 1분 정도 내려오면 카페가 보일 거예요.

하지만 아무리 찾아도 카페가 보이지 않습니다. 당황한 A는 다시 전화를 걸어 묻습니다.

A: 오른쪽 길로 내려왔는데 카페가 안 보이네요?

무엇이 문제일까요? 이 대화에서 혼선이 생긴 이유는 B가 말한 "마트 오른쪽"이라는 방향이 A가 어느 위치에 있느냐에 따라 다르게 해석될 수 있기 때문입니다. 마트를 바라보고 있는지, 등지고 있는지, 혹은 길 건너편에서 보고 있는지에 따라 오른쪽 방향이 어디인지는 완전히 달라집니다. B는 카페의 위치를 A의 기준에서 명확하게 설명했어야 하고, A는 "마트를 정면으로 바라봤을 때 오른쪽 길 말씀이신가요?"라고 기준점을 명확히 해서 질문했어야 합니다.

다른 사례를 살펴보겠습니다. 마트에서 손님이 점원에게 쓰레기봉투를 달라고 합니다.

손님 : 쓰레기봉투 주세요.
점원 : 어떤 것으로 드릴까요?
손님 : 쓰레기봉투요!
점원 : 그러니까 어떤 종류를 원하시는 건가요?

이 대화의 문제는 무엇일까요? 이 대화에서 혼선이 생긴 이유는 손님이 요청한 쓰레기봉투가 정확히 어떤 종류인지 알 수 없기 때문입니다. 일반적으로 종량제 봉투를 쓰레기봉투라고 부르는데, 이는 다시 일반 종량제 봉투, 폐기물 봉투, 음식물 쓰레기 봉투, 재사용 봉투 등으로 나뉘며, 용량도 다양합니다. 손님이 처음부터 "20리터짜리 일반 종량제 봉투 주세요"라고 했으면 더 이상의 대화가 오갈 필요가 없었을 겁니다. 또한 점원이 "어떤 종류의 봉투를 찾으시는지 말씀해주시겠어요?"라고 보다 구체적으로 물었으면 손님이 자신이 원하는 것을 정확히 말할 수 있었겠지요. 말의 내용을 정확히 전달하려면 상대방의 관점을 고려해 명확히 표현해야 합니다.

커뮤니케이션을 구성하는 핵심 요소

언어학자 로만 야콥슨 Roman Jakobson 의 커뮤니케이션 모델에 따르면 대화는 6가지 요소로 구성됩니다.

- 발신자 Addresser : 말하는 사람
- 수신자 Addressee : 말을 듣는 사람
- 맥락 Context : 말이 전달되는 상황과 배경
- 메시지 Message : 전달하고자 하는 내용
- 코드 Code : 언어적 규칙과 기호
- 채널 Channel : 말을 전달하는 매개체(직접 대화, 전화, 문자 등)

우리가 '사과'라고 부르는 과일을 영어권에서는 '애플 apple',

일본에서는 '링고ﾘﾝｺﾞ'라고 부릅니다. 우리나라 영어권에서 '파인애플pineapple'이라고 부르는 과일을 대부분의 나라에서는 '아나나스ananas'라고 부릅니다. 이처럼 대상이 같지만 사용하는 언어, 즉 코드가 다르면 소통이 어려워집니다.

 같은 언어를 사용하더라도 대화의 맥락에 따라 의미가 달라지기도 합니다. 엄마가 아이에게 말합니다. "너 진짜 대단하다." 이 말이 아이가 한 일에 대한 놀라움과 감탄을 표현한 것이라면 아이는 정말 기쁘고 행복할 겁니다. 그런데 되풀이되는 잘못을 지적할 때 이런 말을 한다면 아이는 과연 어떤 감정을 느낄까요? 친구가 말합니다. "네 마음대로 해." 이는 상대방을 전적으로 신뢰하기에 할 수 있는 말이기도 하지만, 어떻게 되든 상관없다는 귀찮음의 표현일 수도 있습니다. 이처럼 맥락이 다르면 같은 말도 다르게 해석됩니다.

 이렇듯 대화하는 과정에서 발생하는 모든 방해 요소를 우리는 '소음noise'이라고 부릅니다. 여기서 소음은 물리적 소음뿐만 아니라 표현의 모호함, 정보의 누락, 잘못된 코드 사용 등이 모두 포함됩니다.

 말의 내용이 정확하게 전달되려면 대화 당사자들 사이에 4가지 요소(맥락, 메시지, 코드, 채널)가 일치하고 소음원이 최대한 제거되어야 합니다. 커뮤니케이션 요소가 맞지 않거나 소음원이 끼어들면 메시지가 왜곡되어 불필요한 질문과 소모적인 답변이 이어지고, 결국 오해와 갈등이 불거질 수 있기 때문입니다.

명확한 대화를 위한 3가지 실천 원칙

그렇다면 어떻게 해야 말의 내용을 정확하게 전달해 원활한 소통을 이뤄낼 수 있을까요? 3가지만 기억하면 됩니다.

첫째, 최대한 쉽게 말합니다. 어려운 전문용어, 과도한 줄임말, 은어, 속어의 사용을 피하고 누구나 이해할 수 있는 보편적인 표현을 사용합니다. 불가피하게 전문용어를 써야 한다면 바로 뒤에 설명을 덧붙입니다. 진정한 전문가는 어려운 개념을 쉽게 설명할 줄 아는 법입니다. 쉬운 개념을 어렵게 설명하는 것은 얕은 지식을 부풀려 보이려는 아마추어 같은 태도에 불과합니다.

둘째, 구체적으로 표현합니다. 추상적이거나 애매한 표현은 피하고 가능한 한 직관적이고 명확하게 설명합니다. 말을 빙빙 돌리거나 얼버무리는 것은 책임을 회피하고 싶어 하는 심리에서 비롯된 행동입니다. 명확하게 말해야 메시지가 제대로 전달된다는 것을 잊지 말기 바랍니다.

셋째, 최대한 자세하게 설명합니다. 내가 알고 있는 정보를 상대방도 당연히 알고 있을 것이라고 가정하는 '지식의 저주'를 경계해야 합니다. 이는 크나큰 착각일 뿐입니다. 상대방이 이해하기 쉽도록 논리적이고 짜임새 있게 차근차근 풀어 설명하는 것이 중요합니다.

이 3가지 원칙을 잘 실천하면 불필요한 오해 없이 메시지를 명확하게 전달할 수 있습니다. 그러면 언제 어디서 누구와 대화를 하든 목적과 목표를 효과적으로 달성할 수 있으며, 대화하기 편한 사람으로 기억돼 원활한 관계를 형성하는 데도 도움이 됩니다.

핵심 3문장

- ▶ 말이 정확하게 전달되지 않는 이유는 맥락, 메시지, 코드, 채널이 맞지 않거나 소음이 개입되기 때문이다.
- ▶ 명확한 대화를 위해서는 쉽고 구체적으로 말한다.
- ▶ 불필요한 오해와 갈등을 줄이려면 상대방의 입장에서 생각하고, 표현을 명확하게 해야 한다.

명연설가들의 궁극기, 카리스마 패턴

어느 날 강의가 끝난 뒤 한 청중이 저에게 물었습니다. "퇴직 후 강의를 하고 싶은데, 어떻게 하면 좋을까요?" 제 답은 간단했습니다. "어려운 내용을 쉽게 전달할 수 있어야 합니다."

누구나 아는 쉬운 개념을 괜히 어렵게 설명하는 사람들이 의외로 꽤 많습니다. 대학교 교수들은 쉬운 말도 꼬아서 한다는 우스갯소리가 있지요. 교수라는 업 자체가 원론적인 내용을 깊이 있게 다루는 일이기 때문에 이런 우스갯소리가 생겨났을 겁니다. 학문은 기본 개념부터 차근차근 쌓아나가야 하는 것이니 어쩔 수 없는 일이지요. 하지만 기업을 주요 대상으로 강의를 하는 저 같은 사람은 다릅니다. 이론을 깊이 있게 논한다기보다는 어떤 개념이든 실전에 바로 적용할 수 있도록 쉽게 풀어서 설명해야 합니다. 대학 강의와 기업 강의의 차이는 바로 여기에 있습니다.

이해하기 쉽게 말하는 것은 강의뿐만 아니라 회의, 협상, 일상적인 대화에서도 유용한 기술입니다. 간결하게 설명하면 듣는 사람도 편하고, 설명하는 사람도 시간과 노력을 아낄 수 있어 좋습니다. 하지만 누구나 쉽게 이해할 수 있도록 설명하는 것은 말처럼 쉬운 일이 아닙니다. 그렇다면 어떻게 해야 될까요? 그 답은 역사적인 명연설가들의 말하기 방식, 즉 카리스마 패턴에 있습니다.

명연설가들의 말하기 방식, 카리스마 패턴

미국의 35대 대통령 존 F. 케네디, 인권운동가 마틴 루서 킹, 미국의 44대 대통령 버락 오바마. 이 세 사람의 공통점은 무엇일까요? 이들은 모두 '말을 쉽게 전달하면서도 강한 호소력을 지닌 명연설가'들입니다. 이들의 말은 정보 전달을 넘어 듣는 이의 감정을 움직이고 행동을 이끌어 냈습니다. 각자 처한 상황은 달랐지만, 이들의 연설에는 공통된 패턴이 있습니다. 바로 카리스마 패턴입니다.

카리스마 패턴이라고 하면 단어 자체에서 비롯되는 느낌 때문에 강하고 인상적인 화법을 떠올리기 쉽습니다. 하지만 카리스마 패턴의 핵심은 말의 전달력을 극대화하는 데 있습니다. 어렵고 복잡한 내용을 듣는 사람이 쉽게 이해하고 공감할 수 있도록 만드는 것이지요.

인간은 감각을 통해 세상을 인지합니다. 보고, 듣고, 만지고, 느끼고, 생각하면서 정보를 받아들이지요. 그런데 사람마다 선호하는 감각은 다릅니다. 이미지를 떠올리며 이해하는 시각형이 있는가 하면, 소리를 들으며 이해하는 청각형, 몸으로 느끼고 움직이며 이해하는 촉각형 등 다양한 유형이 존재합니다. 개념을 논리적으로 분석하며 이해하는 사고형도 빼놓을 수 없지요. 이렇듯 사람마다 정보를 받아들이는 방식이 다르기 때문에 누구든 쉽게 이해하게 말하려면 모든 감각을 활용해야 합니다.

예를 들어볼까요. 수업 종이 울리자 자유롭게 놀던 학생들이 자리에 앉습니다. 선생님은 수업을 시작하려고 하지만 아이들의 집중력이 흐트러진 게 걱정스럽습니다. 그런데 이런 상황에서도 어떤 선생님은 단 몇 초 만에 학생들의 관심을 집중시킵니다. 이런 일이 어떻게 가능할까요? 그 비결은 촉각, 청각, 시각, 사고 표현을 활용하는 카리스마 패턴에 있습니다.

먼저, 촉각적인 표현을 사용해 말문을 엽니다.

"자, 다들 자리에 앉자. 어휴, 쉬는 시간에 재미있었나 보구나. 너희는 어떻게 10분 만에 온몸이 땀으로 범벅될 수 있니? 이제 수업을 시작해야 하니 진정하고, 자세 똑바로 하고 앉자."

학생들은 자신도 모르게 자세를 고쳐 잡고 선생님에게 집중하기 시작합니다. 이제 청각적인 표현을 덧붙입니다.

"지난 시간에 우리 어디까지 배웠지? 맞아. 일차방정식을 배웠지. 오늘은 이차방정식에 대해 이야기할 거야."

이렇게 하면 학생들의 귀가 열리기 시작합니다. 이제 시각적인 표현을 덧붙일 차례입니다.

"자, 66페이지를 펴볼까? 공식과 연습문제가 보이지?"

학생들은 자연스럽게 책을 펴고 눈으로 내용을 확인합니다. 마지막으로 사고형 표현을 덧붙입니다.

"오늘 수업은 이렇게 진행할 거야. 먼저 공식을 설명한 다음, 연습 문제를 같이 풀어보고, 시간이 남으면 실전 문제에 도전해 보자. 이해했지?"

이처럼 카리스마 패턴을 활용하면 어떤 학생이든 자신이 선호하는 감각을 통해 정보를 받아들이기 때문에 자연스럽게 집중하게 됩니다.

직장에서 회의할 때도 카리스마 패턴은 매우 유용합니다. 팀원들에게 새로운 프로젝트를 설명하는 자리라고 가정해봅시다. 다음과 같이 말할 수 있습니다.

"여러분, 요즘 업무량이 많아 정말 바쁘죠? 새로운 프로젝트를 시작하려면 몸과 마음을 잘 준비해야 합니다(촉각형)."

"이번 프로젝트는 우리 팀의 핵심 과제입니다. 목표가 무엇인지 다시 한번 이야기해볼게요(청각형)."

"자, 여기 프로젝트 진행 계획을 도표로 정리했습니다(시각형)."

"이제 각자 역할을 나누고 어떻게 진행할지 구체적으로 논의해봅시다.(사고형)"

이렇게 이야기하면 팀원들이 각자 자신이 선호하는 감각에 따라 정보를 받아들일 수 있기 때문에 프로젝트의 개요를 더 쉽게 이해할 수 있을 겁니다.

그런데 왜 이런 순서로 이야기해야 하는 것일까요? 이유는 간단합니다. 뇌에서 가장 먼 감각인 촉각부터 자극하기 시작하면 청각, 시각, 사고 순으로 자연스럽게 집중을 유도할 수 있기 때문입니다. 강연자나 MC, 유튜버들이 날씨 이야기나 가벼운 농담으로 대화를 시작하는 것은 바로 이 때문입니다. 무의식적으로 카리스마 패턴을 활용하는 것이지요.

카리스마 패턴 실전 트레이닝

단순히 개념을 이해하는 것만으로는 부족합니다. 카리스마 패턴을 몸에 익히려면 의식적으로 연습하고 다양한 상황에서 적용해보는 과정이 필요합니다. 지금부터 카리스마 패턴을 익히는 과정을 3단계로 나눠 살펴보겠습니다.

1단계, '나의 말하기 패턴 분석하기'입니다. 무엇보다 먼저, 현재 내가 주로 사용하는 말하기 방식을 점검해봅니다. 일상생활 속에서의 대화, 이메일, 문자 메시지 등을 살펴보며 내가 말하는 방식이 어느 쪽에 치우쳐 있는지 분석합니다. 직장 동료나 가족, 친구에게 질문해보는 것도 좋은 방법입니다. "내가 설명하는 게 이해하기 쉬운가요?", "너무 어렵거나 지루하진 않나요?", "내가 자주 반복하는 말투나 표현이 있나요?" 같은 질문을 던지다 보면 무의식적으로 반복하는 나의 습관을 파악할 수 있을 겁니다.

2단계, '감각별로 말하는 방법 연습하기'입니다. 나의 말하기 패턴을 분석했다면, 이제 카리스마 패턴을 의식적으로 훈련할 차례입니다. 사람마다 익숙한 감각은 다르기 때문에, 모든 감각 표현을 고르게 활용하려면 의도적인 연습이 필요합니다. 하루에 하나씩 집중해서 연습하는 방식을 추천합니다. 예를 들어, 월요일엔 시각적 표현을, 화요일엔 청각적 표현을 중심으로 말해보는 식입니다. 이처럼 하루에 하나씩 감각을 정해 집중적으로 연습하면, 말하기 습관 속에 자연스럽게 다양한 감각 언어가 스며들게 됩니다.

- **1일 차 : 촉각형 말하기**

상대방의 감정이나 신체적인 감각을 강조한다.

"오늘 날씨가 정말 덥네요. 여기까지 오시느라 힘드셨죠? 덥지는 않으셨어요?"

"우리 팀 모두 이번 프로젝트를 위해 정말 열심히 뛰어다녔어요. 고생 많으셨습니다."

- **2일 차 : 청각형 말하기**

소리나 대화와 관련된 표현을 의식적으로 사용한다.

"이번에 새롭게 진행되는 프로젝트, 엄청 기대돼요."

"어제 뉴스에서 흥미로운 얘기를 들었어요. 같이 이야기를 나눠볼까요?"

• **3일 차 : 시각형 말하기**

모양, 색상, 이미지 등 시각적 표현을 활용해 설명한다.
"프로젝트의 진행 계획이 한눈에 들어오게 정리해봤습니다."
"이 자료를 보면, 우리가 나아가야 할 방향이 명확해질 겁니다."

• **4일 차 : 사고형 말하기**

논리적인 흐름과 개념을 정리한다.
"지금부터 3단계로 나눠 설명해드릴게요. 1단계, 목표를 설정합니다. 2단계, 실행 계획을 세워봅니다. 3단계, 일정을 조정하고 자원을 배분합니다."
"이 개념을 쉽게 이해하려면 먼저 핵심 원리를 알아야 합니다. 핵심 원리는 크게 2가지입니다."

하루에 하나씩 특정 감각을 활용한 말하기를 집중적으로 연습하면 자연스럽게 4가지 감각을 골고루 사용하는 대화법에 익숙해질 수 있습니다.

마지막으로 3단계, '실전에서 활용하며 자동화하기'입니다. 이제 카리스마 패턴을 실전에서 자연스럽게 활용해볼 차례입니다. 아래 방법을 참고해서 자신의 말하기 방식을 자동화해보세요.

- **친구와의 대화 등 일상적인 대화에서 활용하기**

"이렇게 움직이면 더 쉬워져."(촉각형) → "이거 들어봤어?"(청각형) → "그게 이런 식으로 생겼어."(시각형) → "이제 그 원리를 이해했어?"(사고형)

- **프로젝트에 대해 설명하는 등 회의, 발표에 적용하기**

"업무량이 많지만 잘 준비하면 충분히 해낼 수 있을 겁니다."(촉각형) → "이번 프로젝트의 핵심 과제입니다."(청각형) → "계획서를 보면 진행 흐름이 정리되어 있습니다."(시각형) → "앞으로 이렇게 진행하려고 합니다."(사고형)

- **녹음하고 피드백 받기**

발표하거나 대화할 때 녹음해서 들어보면 어떤 감각을 많이 사용하고 어떤 감각을 덜 사용하는지 쉽게 파악할 수 있습니다. 동료나 친구에게 들려준 뒤 피드백을 받아보는 것도 크게 도움이 됩니다.

- **메일이나 문자 메시지에 적용하기**

팀원들에게 프로젝트 개요를 설명하는 이메일을 보낼 때 촉각형(팀의 노력이 중요함) → 청각형(핵심 목표 설명) → 시각형(첨부 자료 활용) → 사고형(업무 프로세스 정리) 순서로 정리합니다.

어떤 말을 어떻게 전달하느냐에 따라 같은 내용도 완전히 다르게 받아들여집니다. 카리스마 패턴은 단순히 강한 인상을 주는 화법이 아니라 사람들에게 정보를 효과적으로 전달하는 기술입니다. 처음에는 어색할 수도 있지만 자신의 말하기 스타일을 점검하고, 감각별로 연습을 해보고, 실전에서 반복적으로 활용하다 보면 자연스럽게 말하는 방식이 정리됩니다.

누구나 할 수 있는 말, 이를 효과적으로 전달하는 것은 훈련이 필요한 기술입니다. 카리스마 패턴을 익히면 어떤 사람이든 내 말을 쉽게 이해하고 공감하며 집중하게 만들 수 있습니다. 오늘부터 당장 내 말하기 습관을 분석하고 작은 변화부터 시작해보세요.

핵심 3문장

- 카리스마 패턴(촉각 ➡ 청각 ➡ 시각 ➡ 사고형 표현)을 활용하면 누구나 쉽게 이해하게 말할 수 있다.
- 상대방의 감각 유형(시각, 청각, 촉각, 사고형)에 맞춰 다양한 표현을 섞어 사용한다.
- 일상적인 대화나 강의에서 카리스마 패턴을 연습하면 자연스럽게 상대방을 집중시켜 전달력을 극대화할 수 있다.

'멋지게 한 말씀', 1분 스피치

"마지막으로 한 말씀 부탁드립니다."

누구나 한 번쯤 이런 요청을 받아봤을 겁니다. 모임이나 행사에서 자신의 소감을 이야기하거나 회의나 토론에서 자신의 의견을 짧고 간결하게 정리해야 할 때, 혹은 학교나 직장 면접에서 자기소개를 마친 후 예상치 못한 추가 질문을 받았을 때 말이에요. 짧지만 강렬한 한마디, '1분 스피치'는 생각보다 사람들의 기억에 오래 남습니다. 물론, 제대로 인상을 남길 수 있다면 말이지요.

강의를 업으로 삼고 있지만 저 역시 이런 요청이 지금도 부담스럽습니다. 어떨 때는 열 시간 정도 해야 하는 강의가 더 편하게 느껴질 정도입니다. 사람들은 1분 정도면 말하는 데 큰 부담이 없지 않을까 생각하는데, 실상은 그 반대입니다. 말하는 사람에게는 시간이 길수록 유리합니다. 시간적 여유가 있으면 내용을 보다 구체적으로 설명할 수 있고, 풍부한 사례를 들어 청중의 이해를 도울 수 있습니다. 하지만 주어진 시간이 1분이라면 전혀 상황이 다릅니다. 짧은 시간 내에 중요한 메시지를 효과적으로 전달하려면 좀 더 치밀한 준비와 정돈된 내용이 필요합니다. 핵심 메시지를 명확하게 전달해야 하기에 더 많은 고민과 노력이 필요한 것이지요.

형식적으로 정해진 틀이 있는 것은 아니지만, 1분 스피치에는 암묵적으로 통용되는 몇 가지 원칙이 있습니다.

- 1분 내외의 짧은 시간 안에 끝내야 한다.
- 메시지를 체계적으로 구조화해야 한다.
- 긍정적인 방향으로 마무리하는 것이 좋다.

미리 준비할 수 있다면 다행이지만, 갑작스럽게 마이크를 넘겨받을 수도 있습니다. 실무 담당자가 아닌데도 회의 중에 의견을 요청받거나, 예상치 못한 자리에서 많은 사람들 앞에 서서 인사를 해야 할 수도 있지요. 어떤 상황에서도 짧고 간결하면서도 체계적이고 긍정적인 스피치를 할 수 있는 방법을 정리해보겠습니다.

1분이면 충분하다

미리 준비할 시간이 있다면, 머릿속으로만 생각하지 말고 종이에 직접 적어봅니다. 1분 정도 말할 분량이면 A4 용지 기준으로 10줄, 대략 3분의 1 정도에 해당하는 양입니다. 이렇게 글로 정리해보면 머릿속으로 생각할 때는 미처 알지 못했던 오류나 어색한 부분을 찾아낼 수 있습니다.

준비할 시간이 전혀 없으면 어떻게 해야 할까요? 이럴 때는 '두 문단 정도로 끝낸다'는 원칙을 기억합니다. 이 정도면 1분 정도 말할 만한 분량이 됩니다. 핵심 메시지를 빠르게 정리하고, 불필요한 서술을 생략하면 1분 안에 충분히 자신의 의사를 전달할 수 있습니다. 처음에는 어색할 수도 있지만, 평소 말을 정리하는 연습을 자주 하면 점점 자신감 있게 대응할 수 있을 겁니다.

예를 들어볼까요. 제가 운영하는 회사가 창립 10주년을 맞이한 상황에서 누군가 기념사를 요청하면 저는 다음과 같이 짧고 간결하게 말할 겁니다.

"기업 교육 전문 기업 한국서비스인재양성연구소 대표 최지훈입니다. 세무서에서 개업 신고를 하고 사업자등록증을 받아온 게 엊그제 같은데 벌써 10년이 되었습니다. 배워서 바로 활용할 수 있는 경험을 공유한다는 목표 아래 다양한 분야의 전문가들과 협업하며 전국 각지의 기업과 기관, 단체 임직원 분들을 대상으로 강의를 해왔습니다. 가능한 한 쉽고 즐겁게 교육을 진행하려고 노력했지만, 때로는 현실적인 쓴소리를 해야 할 때도 있었습니다. 조직을 운영하는 것도 마찬가지입니다. 항상 즐겁고 재미있을 수만은 없겠지요. 하지만 앞으로도 현실적으로 도움이 되는 교육을 공유하며 더 많은 분들과 함께할 수 있도록 노력하겠습니다. 감사합니다."

이처럼 짧지만 핵심을 담고 흐름이 자연스러운 메시지를 준비하면 부담 없이 1분 내외의 시간에 하고 싶은 말을 충분히 전달할 수 있을 겁니다.

말의 흐름을 구조화하는 PREP 공식

1분 스피치에서 중요한 것은 내용을 체계적으로 정리해서 말의 흐름을 명확하게 구조화하는 것입니다. 이때 사용할 수 있는 대표적인 방법이 'PREP 공식'입니다.

- P Point : 핵심 메시지를 말한다.
- R Reason : 그에 대한 이유를 설명한다.

- E Example : 구체적인 사례나 근거를 제시한다.
- P Point : 다시 한번 핵심 메시지를 강조한다.

'PREP 구조'를 활용해서 제가 출연했던 〈말 트고 마음 트고〉의 1주년을 맞아 감사 인사를 한다면 다음과 같이 말할 수 있습니다.

"〈말 트고 마음 트고〉의 월요일 코너 '슬기로운 언어 생활'의 유튜브 방송 1주년을 축하해주셔서 감사합니다.(P) 1년 동안 이 프로그램을 이어올 수 있었던 가장 큰 힘은 무엇보다도 청취자 분들의 응원과 사랑이라고 생각합니다.(R) 뿐만 아니라 프로그램의 얼굴인 아나운서님, PD님, 작가님, 그리고 저를 포함한 많은 전문가 패널 분들의 헌신과 노력도 빼놓을 수 없겠지요.(E) 다시 한번 유튜브 방송 1주년을 맞게 된 데 진심으로 감사드리며, 앞으로도 좋은 방송을 이어나가도록 노력하겠습니다.(P)"

즉흥적으로 1분 스피치를 해야 하는 경우라면 PREP 구조보다 간단한 'ABA 구조'를 사용할 수도 있습니다.

- A Argument : 주장하고 싶은 바를 설명한다.
- B Basis : 그에 대한 근거를 제시한다.
- A Argument : 다시 한번 의견을 강조한다.

ABA 구조를 활용하면 다음과 같이 말할 수 있습니다.

"먼저, 항상 응원해주시는 청취자 여러분께 진심으로 감사드립니다.(A) 프로그램을 진행하면서 좋은 분들을 많이 만났고, 덕분에 힘든 순간을 잘 이겨낼 수 있었습니다. 그 긍정적인 경험을 더 많은 사람들과 나누며 더욱 의미 있는 프로그램을 만들어가라는 뜻으로 받아들이겠습니다.(B) 다시 한번 청취자 여러분께 감사드리며 앞으로도 좋은 방송을 이어나가도록 노력하겠습니다.(A)"

PREP 구조와 ABA 구조를 활용하면 말의 흐름이 자연스럽고 명확해지며, 듣는 사람도 이해하기 쉬워집니다.

긍정적인 방향으로 마무리하기

1분 스피치는 긍정적인 메시지로 끝맺는 것이 좋습니다. 부정적인 문장으로 마무리하면 듣는 사람이 좋지 않은 인상을 줄 수 있습니다. 스피치의 마무리는 전체적인 인상을 좌우합니다. 마지막 문장은 말 그대로 여운을 남기기 때문에 말하는 사람의 의도나 메시지의 방향성을 드러내는 데 결정적인 역할을 합니다. 앞부분이 구조적으로 완벽하고 내용이 충실해도 마지막이 흐지부지하거나 부정적으로 마무리되면 청중의 기억은 왜곡되거나 흐려지거나 부정적이 될 수 있습니다.

정리하자면, 언제 어디서 무슨 내용으로 누구를 대상으로 하든 '멋지게 한 말씀'은 그야말로 한 말씀, 1분 내외로 진행돼야 합니다. 무엇보다 긍정적인 내용을 구조화해 전달하도록 노력합니다. 1분 내외의 스피치는 듣는 이가 집중력을 유지할 수 있어 귀에 잘 들어오고 기억하기도 쉽습니다. 긍정적인 방향으로 마무리하면 좋은 에너지를 서로 나눈다는 느낌을 받으며 모두가 만족할 수 있습니다.

핵심 3문장

- PREP(핵심-이유-예시-재강조) 또는 ABA(주장-근거-재강조) 구조를 활용하면 효과적이다.
- 내용을 체계적으로 정리하고 군더더기 없이 말하는 것이 중요하다. 즉흥적인 상황에도 간결하게 메시지를 전달할 수 있도록 연습한다.
- 긍정적인 방향으로 마무리하면 청중에게 좋은 인상을 남기고, 짧지만 기억에 남는 스피치를 완성할 수 있다.

말의 논리를 쌓아주는 4MAT 시스템

　논리적으로 말한다는 것은 상대방이 내 메시지를 명확하고 일목요연하게 이해할 수 있도록 체계적으로 표현하는 것을 의미합니다. 일정한 원리에 따라 말의 각 부분이 짜임새를 갖추고 통일성을 띨 때, 우리는 그것을 체계적體系的이라고 하지요.

　그런데 체계적으로 말하는 것은 결코 쉬운 일이 아닙니다. 말에 구조가 없으면 장황하고 두서없기 쉽고, 추상적이거나 애매모호한 표현이 많아지며, 핵심을 파악하기 어렵습니다. 반면, 논리 구조가 명확한 말은 빠르게 이해되고, 전달력이 뛰어나며, 강한 설득력을 갖습니다. 어떻게 해야 말의 구조를 짜임새 있게 정리할 수 있을까요? 누구나 쉽게 익혀 실전에 적용할 수 있는 도구가 있습니다. 바로 '4MAT 시스템'입니다.

정보를 이해하는 4가지 방식

4MAT 시스템은 교육학자 버니스 매카시가 개발한 학습 스타일 모형입니다. 같은 장소에서 같은 내용을 배우더라도 학습에 대한 집중도와 성취도는 사람마다 다릅니다. 왜 같은 정보를 듣고도 이런 차이가 나타나는 걸까요? 이에 대해 연구한 끝에 매카시는 사람들이 정보를 이해하고 받아들이는 방식이 크게 4가지 유형으로 나뉜다는 사실을 발견했습니다.

- Why형 → 이걸 왜 배워야 하나요?(이유)
- What형 → 무엇을 배우나요?(내용)
- How형 → 어떻게 적용하나요?(방법)
- What if형 → 만약 이렇게 하면 어떤 결과가 나올까요?(결과)

누군가는 학습의 '이유'를 궁금해하고, 누군가는 무엇을 배우는지 그 '내용'이 중요하고, 또 다른 누군가는 어떻게 활용할 수 있는지 그 '방법'에 주목합니다. '학습 결과와 기대효과'를 알고 싶어 하는 사람도 있지요. 이 4가지 요소를 종합해서 설명하면 어떤 유형의 청중이든 쉽게 이해하고 공감하게 만들 수 있습니다. 대화 역시 마찬가지입니다. 4MAT 시스템을 활용하면 말의 구조를 명확하게 정리하고 논리적인 흐름을 갖춰 상대방과 효과적으로 커뮤니케이션할 수 있습니다.

4MAT 시스템을 활용한 실전 대화법

4MAT 시스템을 말하기에 적용할 때는 다음과 같은 순서로 구조화하는 것이 효과적입니다.

요약 little what → 이유 why → 내용 what → 방법 및 사례 how → 기대 what if

'요약'은 4MAT 시스템의 원래 구성에는 포함되지 않지만 대화의 도입부에 추가하면 상대방이 핵심을 인지하고 논의의 방향을 예측할 수 있어 크게 도움이 됩니다.

예를 들어 설명해보겠습니다. 당구를 한 번도 접해보지 않은 사람에게 '당구의 매력'을 5분 안에 설명해야 한다면 어떻게 해야 할까요? 4MAT 시스템을 적용하면 다음과 같이 설명할 수 있습니다.

운동과 공부가 동시에 가능한, 남녀노소 누구나 즐길 수 있는 실내 스포츠! 당구를 소개합니다.(요약)

당구장은 과거에 좋지 않은 이미지를 가지고 있었던 게 사실이지만 2019년 실내 금연 시설로 지정되면서 환경이 쾌적해졌습니다. 무엇보다도 당구는 신체적인 부담이 적고 저렴한 비용으로 누구나 쉽게 즐길 수 있는 스포츠입니다.(이유)

그렇다면 당구는 어떤 운동일까요? 당구의 가장 큰 장점은 신체 운동과 정신 훈련이 동시에 가능하다는 것입니다.(내용)

이밖에도 당구는 다양한 효과가 기대됩니다. 공을 치는 자세만으로도 기립근이 단련되고 코어 근육이 활성화됩니다. 또한, 공의 각도와 힘을 계산하는 과정에서 집중력과 사고력이 향상되며, 삼각함수와 작용-반작용 원리를 자연스럽게 익힐 수 있는 스포츠입니다.(방법 및 사례)

이렇듯 당구를 배우면 신체적, 정신적 변화는 물론 학습 효과까지 얻을 수 있는 등 다양한 긍정적인 변화가 기대됩니다. 실제로 당구를 배운 이들은 높은 만족도를 보고했습니다. 저렴한 비용으로 다양한 효과를 누릴 수 있는 당구의 매력을 경험해보세요!(기대 효과)

다른 예를 들어보겠습니다. 회사에서 신사업 계획을 발표하는 상황에 4MAT 시스템을 적용해보겠습니다.

저희는 올해 신사업 진출이라는 새로운 도전을 계획하고 있습니다. (요약)

신사업을 추진하려는 이유는 다음과 같습니다. 최근 경쟁사가 등장하면서 시장의 수익성이 악화되었고, 관련 법률의 변화로 기존 사업 모델의 성장은 한계에 부딪쳤습니다. 매출을 회복하고 지속 가능한 성장을 이루기 위해서는 새로운 돌파구가 필요합니다. (이유)

시장 조사 결과, 신사업 아이템은 ○○으로 확정했습니다. 1분기까지 시제품 테스트를 마치고 2분기까지 수정 보완해서 3분기에는 정식 출시해 본격적으로 소비자들에게 선보일 계획입니다. (내용)

신사업은 다음과 같은 과정으로 추진할 계획입니다. 단계별로 총괄 담당 부서를 지정하고, 원활한 정보 공유를 위해 TF팀을 구성했습니다. 또한 제품을 출시한 이후에도 지속적인 시장 모니터링을 통해 사업 안정화를 도모할 계획입니다. (방법 및 사례)

이번 신사업은 우리 회사를 백년기업으로 성장시키는 발판이 될 것이라 확신합니다. (기대 효과)

4MAT 시스템을 적용하다 보면 '내용'과 '방법 및 사례'의 구분이 애매하게 느껴질 수 있습니다. 이럴 때는 두 요소를 적절히 섞어 이야기하는 것도 좋은 방법입니다. 예를 들어, '당구는 신

체와 정신을 동시에 훈련시킬 수 있다(내용)'라고 말한 뒤, 곧바로 '공을 치는 자세를 취하는 것만으로도 기립근이 강화된다(방법 및 사례)'라고 이야기를 이어가면 더욱 자연스럽고 효과적으로 서사를 이어나갈 수 있습니다.

4MAT 시스템을 처음 시도해본다면 미리 글로 적어보는 것도 도움이 됩니다. 익숙해질수록 사고의 흐름이 체계적으로 정리되면서 말의 설득력이 높아질 겁니다.

핵심 3문장

- ▶ 논리적으로 말하기 위해서는 메시지를 체계적으로 정리한 뒤 단계적으로 설명해야 한다.
- ▶ 4MAT 시스템을 활용하면 말의 흐름이 명확해져 상대방의 이해를 도울 수 있다.
- ▶ 논리적인 대화를 위해서는 핵심 요약을 먼저 전달하고, 구체적인 근거와 예시를 덧붙여 설득력을 높인다.

칭찬과 질책에도 전략이 필요하다

"칭찬은 고래도 춤추게 한다"라는 말이 있습니다. 누구나 칭찬을 받으면 기분이 좋아집니다. 칭찬의 힘은 단순히 기분 전환에 머무르지 않습니다. 칭찬을 통해 상대방이 더 나은 행동을 하게 만들고, 때로는 잠재력을 발휘하게 이끌 수도 있습니다. 진심 어린 칭찬은 동기를 부여하는 것은 물론 긍정적인 변화와 성장까지 가능하게 만듭니다.

무턱대고 칭찬한다고 해서 이러한 효과가 나타나는 것은 아닙니다. 무엇에 초점을 맞추느냐, 얼마나 구체적으로 표현하느냐에 따라 칭찬의 효과는 크게 달라집니다. '긍정적인 부분에 집중하기', '즉시, 구체적으로', '고래 반응' 3가지 기술을 활용하면 칭찬의 효과를 극대화할 수 있습니다.

긍정에 집중하고 즉시 보상한다

첫 번째 칭찬의 기술은 '긍정적인 부분에 집중하기'입니다. 사람은 반복되는 일에 익숙해지게 마련입니다. 잘하는 일은 당연히 여기고 실수를 하면 곧바로 눈길이 가는 게 인지상정이지요. 아이가 하루 동안 수십 가지 일을 잘해내도 매번 칭찬하지 않지만, 단 한 번 실수로 물을 엎지르면 혼내게 되는 것처럼요. 직장에서도 마찬가지입니다. 주어진 업무를 무탈하게 수행하는 것은 당연한 것으로 여겨져 굳이 칭찬하지 않습니다. 하지만 실수를 하면 경중에 따라 질책과 문책이 따르기 마련입니다. 프로의 세계에서는 더욱 그렇습니다.

이러한 현상을 '뒤통수치기 반응'이라고 합니다. 마치 상대방이 실수하기만을 기다렸다가 곧바로 뒤통수를 치는 것처럼 보이기 때문입니다. 이런 일을 겪으면 누구나 억울할 수밖에 없습니다. 더 잘해야겠다는 동기가 부여되기보다는 오히려 의욕이 꺾입니다. 칭찬은 상대방의 긍정적인 부분에 집중해야 합니다.

두 번째 칭찬의 기술은 '즉시, 그리고 구체적으로 칭찬하기'

입니다. 칭찬은 타이밍이 중요합니다. 긍정적인 행동을 목격할 때마다 즉시 칭찬해야 합니다. 아주 사소한 일이라도 어떤 점이 어떻게 좋았는지, 그로 인해 어떤 변화가 있었고, 내가 어떤 감정을 느꼈는지 세세하게 이야기해야 합니다. 아이가 바르고 고운 말을 사용하면 바로 "말을 참 예쁘게 하는구나. 얼굴만 예쁜 게 아니라 마음도 예쁘네. 네 말을 들으니 나도 기분이 좋아졌어"라고 말해 줍니다. 복도에서 누군가 문을 잡아주거나 양보해주었다면 "덕분에 편하게, 안전하게 들어올 수 있었어요. 고맙습니다"라고 말합니다. 이처럼 즉시 구체적으로 칭찬하면 상대방은 자연스럽게 긍정적인 말과 행동을 반복하게 됩니다.

마지막 세 번째 칭찬의 기술은 '고래 반응'입니다. 범고래를 조련할 때는 단순히 먹이를 주는 것뿐만 아니라 쓰다듬거나 안아주고, 때로는 뽀뽀도 해주면서 애정을 표현합니다. 쉽게 말해, 칭찬과 함께 확실한 보상을 주는 것이지요. 단, 상대방이 선호하는 보상은 사람마다 다를 수 있음을 명심해야 합니다. 어떤 아이는 맛있는 간식을 원할 수 있지만, 어떤 아이는 스마트폰 게임을 허락받는 것이 최고의 보상이 될 수 있습니다. 성인도 마찬가지입니다. 어떤 사람은 공개적인 자리에서 칭찬받기를 원하지만, 어떤 사람은 쇼핑이나 맛있는 음식, 혹은 조용한 휴식 시간을 보상으로 여길 수도 있습니다. 보상은 반드시 물질적인 것이 아니어도 됩니다. 거창할 필요도 없습니다. 그저 상대방이 원하는 것을 원하는 때에 해주는 것이 가장 좋은 보상입니다.

질책보다 유도와 설득이 효과적이다

칭찬이 중요하다고 해서 무조건 좋은 말만 해야 하는 것은 아닙니다. 잘못된 행동은 명확히 지적하고 피드백해줘야 합니다. 그렇다고 무작정 지적하고 질타하는 것은 좋은 방법이 아닙니다. 질책하기에 앞서 '전환 반응'을 활용하는 것이 중요합니다. 전환 반응이란, 상대방이 부정적인 반응을 보일 때 곧바로 책망하거나 질책하는 대신 긍정적인 반응을 이끌어내도록 유도하는 방법입니다. 예를 들어볼까요. 아이가 청소를 하지 않아 방이 정말 발 디딜 틈 없이 지저분해졌습니다. 이것을 본 엄마는 2가지 반응을 보일 수 있습니다.

- 질책: "너는 왜 청소를 안 하니?"
- 전환 반응: "청소 도구가 어디 있는지, 제대로 청소하는 방법이 뭔지 내가 미처 안 알려줬구나. 미안해."

상대방의 잘못을 지적하는 대신 공감하고 이해하는 태도를 보여 거부감을 낮춥니다. 이어서 청소를 하지 않았을 때 벌어질 일을 설명하면 더욱 효과적입니다.

"청소를 소홀히 하면 나중에 찾고 싶은 물건이 어디 있는지 몰라서 시간 낭비를 하게 될 수도 있어. 정말 바쁜 상황에서 그런 일이 생기면 당황스럽지 않을까? 그리고 먼지가 쌓여 있는 곳에서 지내면 건강에도 좋지 않겠지?"

이제 실제로 행동에 옮길 수 있는 구체적인 제안을 합니다.

"한 번에 다 치우지 않아도 괜찮아. 오늘은 책상, 내일은 책꽂이, 모레는 옷장처럼 하나씩 정리해보면 어떨까? 치우는 순서는 네가 원하는 대로 정해보렴. 중요한 건 실천하는 거니까. 혹시 궁금한 게 있거나 도움이 필요하면 말해줘."

마지막으로 상대방에 대한 신뢰와 확신을 표현하면 더욱 효과적입니다.

"앞으로는 잘할 수 있지? 당연히 잘할 수 있을 거라고 믿어."

이처럼 질책 대신 긍정적인 방향으로 유도하면 상대방은 방어적 태도를 보이기보다는 주도적으로 변하는 모습을 보입니다.

질문으로 행동을 이끌어내는 법

질문을 통한 유도는 질책보다 강력한 피드백 방법입니다. 사람은 자신이 한 말에 더욱 강하게 동기 부여됩니다. 이때 무엇보다 상대방이 스스로 문제점을 깨닫고 해결책을 찾도록 도와주는 질문을 던지는 것이 중요합니다. 질문은 크게 2가지로 나뉩니다. 답이 정해져 있는 '닫힌 질문'과 생각해볼 여지를 주는 '열린 질문'입니다. 어느 쪽이 효과적일지는 굳이 설명하지 않아도 짐작할 수 있을 겁니다. 예를 들어볼까요.

- 닫힌 질문 : "공부를 그렇게 하면 되겠어, 안 되겠어?"
- 열린 질문 : "공부하기 힘들지? 뭐가 가장 어려워?"

열린 질문은 상대방이 자신을 돌아보게 만들며 자신의 감정을 설명할 기회를 줍니다. 상대방이 대답하기 어려워한다면, 선택지를 제시하는 것도 좋은 방법입니다.

"어떻게 하면 공부하는 데 도움이 될까? 장소를 바꿔볼까, 아니면 교재를 바꿔볼까?"

상대방이 문제를 인식하고 스스로 해결책을 찾도록 유도한 후, 긍정적인 변화가 나타나면 즉시, 구체적으로 칭찬합니다. 적절한 보상도 잊지 말아야겠지요. 칭찬도 전략이 필요합니다. 올바른 방식으로 칭찬하면 서로의 관계가 긴밀해지는 것은 물론 상대방이 더 나은 방향으로 성장하고, 계속 긍정적으로 행동하도록 이끌 수 있습니다.

핵심 3문장

- ▶ 즉시, 구체적으로 칭찬하고 적절히 보상한다. 부정적인 피드백보다 긍정적인 행동을 강화하는 것이 중요하다.
- ▶ 질책할 때는 전환 반응을 활용해 상대방의 거부감을 낮추고, 질문을 통해 스스로 문제를 인식하고 해결하도록 유도한다.
- ▶ 칭찬과 피드백을 적절히 활용하면 상대방에게 동기를 부여하고 지속적으로 긍정적인 변화를 유도할 수 있다.

적을 만들지 않고
당당하게 말하고 싶다면

　　살면서 누구나 몇 번은 '이불킥'을 해봤을 겁니다. 하루를 돌아보며 부끄러움이나 후회, 민망함으로 이불을 퍽퍽 걷어차는 순간들 말입니다. 특히 할 말을 제때 제대로 하지 못했을 때, 자신에 대한 실망에 애꿎은 이불이 화풀이 대상이 되곤 합니다. 어떻게 하면 내 생각과 의견을 좀 더 자신 있게 전달할 수 있을까요? 생각보다 쉽습니다. 말하는 순서, 속도, 시선, 몸짓언어 4가지만 바꿔도 소통에 자신감이 생기고, 당당하게 자신의 이야기를 펼칠 수 있습니다.

결론부터 말한다

말하는 방식은 3가지로 구분할 수 있다고 앞서 설명했습니다. 이를 다시 간략하게 소개하면 아래와 같습니다.

- 두괄식: 결론을 먼저 말하고 과정이나 설명을 덧붙이는 방식
- 미괄식: 설명을 먼저 하고 결론을 나중에 이야기하는 방식
- 양괄식: 두괄식과 미괄식을 혼합 사용하는 방식

설득이 필요한 상황에선 두괄식이 효과적입니다.

A: 우리 오늘 특별한 거 먹으러 가자. 소고기 어때?
B1: 다른 거 먹자. 나 어제 고기 먹었거든. (두괄식)
B2: 내가 어제 말이야. 소고기를 먹었는데……. (미괄식)

A: 이번 조별 과제, 네가 파워포인트 작업해줄 수 있지?
B1: 나는 자료 조사랑 정리를 맡을게. 그 분야에 대한 자료를 많이 모아뒀거든. (두괄식)
B2: 이번 과제의 주제가 클래식이잖아. 사실 예전부터 내가 관심을 가져온 분야라서 관련 자료를 꽤 많이 가지고 있거든. 내가 자료 조사와 정리를 맡을게. (미괄식)

같은 내용이지만 B2처럼 결론을 나중에 제시하는 미괄식은 우물쭈물 주저하는 느낌을 줍니다. 주도권도 상대방에게 있는 것 같습니다. 반면 B1처럼 결론부터 말하는 두괄식은 의견이 훨씬 더 명확하게 전달될 것만 같습니다. 말투에서도 당당함과 자신감이 묻어납니다. 말의 구조만 바꿔도 훨씬 설득력 있는 사람이 될 수 있습니다.

시선이 중요하다

말하는 것만큼 중요한 게 시선 처리입니다. 대화할 때 상대방의 눈을 바라보는 것은 기본적인 예의이자 신뢰감을 쌓는 데 도움이 되는 행동이기도 합니다. 누군가와 이야기하면서 눈을 피하며 땅바닥이나 허공을 바라보거나 주변을 두리번거리면 상대방은 '나와 대화하기 싫은가?', '뭔가 숨기는 것이 있나?', '내 이야기가 지루한가?', '이 사람은 나와 대화하고 싶어 하지 않는구나' 하는 생각을 하게 됩니다. 단지 눈을 마주치는 것만으로도 자신감과 진정성을 전달할 수 있으며, 자연스럽게 말할 기회가 더 많아지기도 합니다.

혹시 상대방의 눈을 똑바로 쳐다보는 게 쑥스럽다면, 상대방의 두 눈과 인중을 연결하는 역삼각형 부위를 부드럽게 바라보는 것으로 시작해보세요. 이렇게 하면 눈 맞춤의 어색함을 피할 수 있습니다. 자연스럽게 상대방의 눈을 바라볼 수 있도록 연습하는 게 중요합니다. 처음에는 어색하더라도 시간이 지나면 자연스러운 시선 처리가 가능해질 겁니다.

인상이 차갑거나 강하다는 말을 자주 들어서 상대방이 부담스러워할까 봐 걱정된다면, 말할 때 살짝 미소 짓는 연습을 해보세요. 반복하다 보면 인상이 자연스럽게 부드러워질 겁니다. 표정은 반복을 통해 만들어지는 습관의 결과물이므로, 연습하면 충분히 바꿀 수 있습니다.

서두르지 않는다

대화를 하다가 갑자기 할 말을 잊거나 무슨 말을 해야 할지 생각이 나지 않거나 적절한 표현을 찾느라 머뭇거린 적이 있나요? 이럴 때는 말의 속도를 평소보다 조금 늦추는 것이 도움이 됩니다. 말의 속도를 조절하면 발음이 명확해지는 효과도 얻을 수도 있습니다. 또렷한 발음은 상대방을 편안하게 해주고 내가 하는 말에 신뢰감을 더해줍니다. 또한 불필요한 추임새도 줄어듭니다. 말이 막힐 때 공백을 메우기 위해 무의식적으로 넣는 추임새는 신뢰감을 떨어뜨리고 자신감 없는 사람처럼 보이게 합니다.

말하는 속도를 조절하면 몸짓언어도 안정됩니다. 말이 빨라지면 몸짓언어도 덩달아 산만해집니다. 손을 만지작거리거나, 몸을 배배 꼬거나, 머리를 긁적이는 행동이 무의식적으로 나오기 쉽습니다. 반면, 말의 속도를 적절히 조절하면 몸짓언어가 차분해지고 시선 처리도 여유로워집니다. 이런 모습은 상대방이 내 이야기에 더 집중하게 만들고 신뢰를 느끼게 합니다. 더불어 당당한 인상을 줄 수 있습니다.

당당함은 몸에서 드러난다

말의 속도를 적절히 조절하고 몸짓언어를 잘 활용하면 효과적으로 자신감을 표현할 수 있습니다. 신뢰와 확신을 더하고 싶으면 손등을 위로 향하게 해서 강조하는 동작을 취합니다. 편안함과 친밀감을 표현하고 싶으면 손바닥을 드러내면서 양팔을 살짝 벌려 개방적인 태도를 보여줍니다. 이런 몸짓언어는 '나는 당신에게 열린 마음을 가지고 있다', '나는 당신을 내 편으로 생각하고 있다'라는 의미를 전달합니다. 이렇듯 몸짓언어는 말하는 사람의 태도와 생각을 보여주는 강력한 수단입니다.

자신감 있게 말하는 것은 연습만으로도 충분히 익힐 수 있습니다. 두괄식으로 말하기. 눈 맞추기. 말하는 속도를 적절하게 조절하기. 표정과 몸짓언어를 적극적으로 활용하기. 이 4가지를 꾸준히 연습하고 실천해보세요. 당당하고 설득력 있는 화법을 구사할 수 있을 겁니다.

> **핵심 3문장**
>
> ▶ 두괄식으로 말하면 자신의 의견을 명확하게 전달하고, 대화의 주도권을 가질 수 있다.
> ▶ 대화 중 상대방과 눈을 맞추고 말의 속도를 적절히 조절하고 불필요한 추임새를 줄이면 신뢰감과 당당함이 배가된다.
> ▶ 몸짓언어를 활용하면 상대방에게 긍정적인 인상을 주고 효과적으로 소통할 수 있다.

말문이 막혔을 때 꺼내는 마법의 문장들

대화를 하다가 너무 놀라거나 당황하면 조금 전까지 말을 잘 하다가도 갑자기 입이 막혀버립니다. 흔히 '말문이 막힌다', '할 말을 잃었다'고 하는 순간이지요. 누구라도 겪어봤을 법한 일입니다. 하고 싶은 말이 있으면 제때 하고 살아야 하는데, 이처럼 말문이 막혀서 그냥 지나가버리고 나면 늘 후회가 남습니다. 저도 가끔 '그때 이렇게 되받아쳤어야 하는데……' 하면서 뒤늦게 혼자 이불을 차는 일이 있습니다. 그런 저 자신이 답답하다 못해 화를 내기도 합니다. 할 말을 제때 못 하면 자존심 상하는 것을 넘어 때로는 실질적으로 손해를 볼 수도 있습니다. 해결책은 생각보다 간단합니다. 막힌 말문을 뻥 뚫어주는 마법의 문장 3가지가 있습니다.

"무슨 뜻인가요?"
"그럼 저는 어떻게 하면 좋을까요?"
"○○○입니다."

이 3가지 문장만 잘 사용하면 언제 어디서나 시원하게 소통할 수 있습니다.

시간을 벌어주는 마법의 문장, "무슨 뜻인가요?"

가장 먼저 살펴볼 문장은 "무슨 뜻인가요?"입니다. 이 문장은 무슨 말을 해야 좋을지 떠오르지 않거나 상대방의 말이 모호하고 납득되지 않는 상황에서 사용하면 좋습니다. 말문이 막히면 당황해서 얼버무리는 경우가 많은데, 그럴 때 필요한 문장이지요. 일단 상대방의 말에 대답을 했으니 대화가 계속 이어집니다. 당황한 기색도 감출 수 있습니다. 상대방이 대답하는 동안 그의 의중을 다시 한번 파악하는 한편 생각할 시간을 벌 수 있습니다.

"그냥 우리만 믿고 열심히 하면 됩니다. 잘되면 두둑하게 챙겨드릴게요"라는 말을 들었습니다. 그럴듯하지만 영 미심쩍은 제안입니다. 주어도 없고, 결론도 없고, 기준도 없지요. 뭔가 받기를 원하면서 정작 줄 것은 없고, 그러고 싶지도 않고, 특히 책임지고 싶지도 않은 클라이언트들이 흔히 하는 말입니다. 물론 그렇지 않은 경우도 있지만 대부분 순수하지 않은 의도를 가진 경우가 많습니다. 어쨌든 듣는 사람으로선 정말 어이없고 당황스럽습니다. 그렇다고 해서 "어…… 저…… 아니…… 그게 아니고……"처럼 머뭇거려서는 안 됩니다. 이런 반응은 "나는 호구입니다"라고 외치는 셈이나 마찬가지이니까요. 그 대신 "그게 무슨 말인가요?" 혹은 "그게 무슨 뜻인가요?"라고 질문하면 이 말도 안 되는 오류를 상대방이 직접 바로잡게 할 수 있습니다. 굳이 내가 애써서 이해하고 양보할 필요 없습니다.

"아, 제 말에 어폐가 있었네요. 그러니까 무슨 말이냐면, 서로 윈윈할 수 있도록 파트너십으로 함께 가자는 거죠." 아직도 억지스러운 부분이 있지만 최소한 당황스러움과 그로 인해 발생하는 민망함을 굳이 내가 떠안고 가지 않아도 됩니다. 또한 나의 반응과 태도가 머뭇거림이 아닌 명확하고 당당한 모습으로 보이니, 그것만으로도 바른 처신이 됩니다. 좀 더 응용하고 싶다면 "무슨 뜻인가요?" 대신 오류가 있는 부분을 구체적으로 지적합니다. "챙겨준다는 게 무슨 뜻인가요?", "뭘 열심히 해야 한다는 거죠?" 이렇게 말입니다.

무리한 요구에 대응하는 마법의 문장,
"그럼 저는 어떻게 하면 좋을까요?"

다음은 "그럼 저는 어떻게 하면 좋을까요?"라는 문장입니다. 누군가에게 무리한 요구를 받았을 때 직설적으로 거절하지 않고도 정중하게 자신의 의사를 표현할 수 있는 문장입니다.

"이번 교육 예산은 최대 30만 원입니다. 이 비용으로 할 수 있으면 하고 아니면 못 하는 거지요." 지나치게 일방적이고 굉장히 무리한 요구이면서도 예의 없기까지 합니다. 이런 상황에서는 보통 거절하는 게 일반적이지만 굳이 부정적인 표현을 쓸 필요는 없습니다. 대신 "이런 경우는 처음인데, 제가 어떻게 하면 좋을까요?"라고 답변하면 상대방은 예의를 갖춰 대답할 수밖에 없습니다. 최소한 상식이 있다면 말이죠.

"사전에 논의 드리지 못해 죄송합니다." "예산을 더 확보하지 못해 죄송합니다." "갑작스럽게 요청을 드려 죄송합니다." 이 정도가 예상할 수 있는 상식적인 대답입니다. 설령 진심이 아닐지언정 처음 했던 무리한 요구와 자신들의 사정에 대해 책임있는 자세로 대답하게 유도하는 것이지요.

직설적으로 거절하거나 부정적인 표현을 사용하기보다는 "전 어떻게 하면 좋을까요?"라고 되물으면 다양한 효과를 얻을 수 있습니다. 의견 대립이나 감정 소모를 줄이고, 상대방의 의견에 대한 존중을 표현하는 동시에 상대방이 내 입장에서 생각해볼 수 있게끔 유도합니다. 일석삼조의 문장이지요.

주도권을 잡는 선언형 표현과 전략적 침묵, "○○입니다"

마지막으로 살펴볼 문장은 "○○입니다"입니다. 이 짧은 문장은 단순히 정보를 전달하는 것을 넘어 확신과 결단의 메시지를 표현하는 핵심 문장의 역할을 합니다. 같은 내용이라도 말끝을 단정하게 맺으면 상대방에게 신뢰감을 주고, 내 입장을 분명하게 표현할 수 있습니다. 특히 말한 뒤 잠시 침묵하는 방식은 그 효과를 더욱 극대화합니다. 상황에 따라 "○○입니다"라고 말끝을 단호하게 마무리하는 것만으로도 설득의 무게는 크게 달라집니다. 예를 들어볼까요. 시장 옷가게에서 손님이 점원과 흥정하는 상황을 가정해봅시다.

"얼마예요?"
"네, 13만 원입니다."
"할인이나 행사가 있나요?"
"따로 진행 중인 행사는 없고, 차비 생각해서 만 원 정도는 깎아드릴 수 있어요. 어떠세요?"

이렇게 말하면 손님들은 대부분 "에이, 그러지 말고 더 깎아 줘요"라며 흥정을 시도합니다. 그런데 점원이 "어떠세요?"라는 말 대신 "12만 원에 드릴 수 있습니다. 차비 만 원은 빼드려야지요. 12만 원입니다"라고 말한 뒤 잠시 침묵한다면 어떨까요? 손님의 반응은 전혀 달라집니다. "아……, 12만 원이요? 혹시 조금 더 깎아주실 수 있을까요? 조금 더 할인해주시면 바로 살게요." "제가 지금 수중에 11만 원뿐인데 어떻게 안 될까요?"

점원의 말에 따라 왜 손님의 반응은 달라지는 것일까요? "12만 원은 어떠세요?"와 "12만 원에 드릴 수 있습니다. 12만 원입니다." 이 두 문장의 차이에 답이 있습니다.

"어떨까요?" 혹은 "어떠세요?"는 협상의 여지가 있음을 암시합니다. 때문에 상대방은 금액을 더 낮출 수도 있겠다는 생각이 드는 것이지요. 주도권이 상대방에게 넘어갈 수밖에 없습니다. 반면 "12만 원입니다"라고 딱 끊어서 말한 뒤 잠시 침묵하면 상대방은 그 말을 보다 진지하게 받아들입니다. 가격이나 조건이 결정되었다고 느끼는 것이지요. 그 결과, "지금 바로 살 테니 만 원만 더 깎아주세요", "제가 가진 돈이 11만 원밖에 없어서요"처럼 알아서 협상 카드를 꺼내게 됩니다. 이처럼 상대방이 카드를 보인 상황에서는 주도권이 내게로 넘어옵니다.

협상은 각자 원하는 것을 쟁취하는 과정으로, 양쪽 당사자 모두 긴장되고 부담되게 마련입니다. 이런 상황에서 막무가내식

우기기로 버티는 것은 그리 좋은 방법이 아닙니다. "○○○입니다" 구조의 마침표에 잠깐의 침묵을 더하기만 하면 됩니다. 협상을 주도적으로 이끄는 데 가장 단순하면서도 유용한 마법의 언어이지요.

말문이 막히는 순간은 누구에게나 생길 수 있습니다. 하지만 "무슨 뜻인가요?", "그럼 저는 어떻게 하면 좋을까요?", "○○○입니다" 이 3가지 문장만 익혀도 상황을 금세 역전시킬 수 있습니다. 이 단순해 보이는 문장들은 상황을 진정시키고 주도권을 가져오는 데 강력한 힘을 발휘합니다. 필요할 때 자연스럽게 꺼낼 수 있도록 평소에 열심히 연습해보세요. 말문이 막히는 순간이 기회의 순간이 될 수 있을 겁니다.

핵심 3문장

- ▶ "무슨 뜻인가요?": 애매모호한 말이나 비합리적인 주장에 당황하지 않고 상대방이 스스로 오류를 수정하도록 유도한다.
- ▶ "그럼 저는 어떻게 하면 좋을까요?": 무리한 요구를 받았을 때 부정적인 표현 없이 상대방이 대안을 찾게 만든다.
- ▶ "○○○입니다": 협상에서는 단정적인 표현과 침묵을 활용해 협상에서 주도권을 확보하게 돕는다.

토론 1인자만 아는 샌드위치 피드백

'다름'은 발전의 원동력입니다. 서로 다른 주장이 오갈 때 더 나은 대안을 모색하고, 합의점을 찾을 수 있습니다. 이를 통해 우리 사회와 조직은 한 단계 더 성장할 수 있습니다. 이것이 토론의 본질적인 목적입니다. 그런데 안타깝게도 우리 사회에서는 토론과 논쟁, 심지어 싸움을 혼동하는 경우가 적지 않습니다.

'내가 옳고 당신은 틀렸다'는 전제가 깔려 있는 경우, 토론은 생산적인 논의의 장이 아니라 서로를 공격하는 장으로 전락합니다. 논리적으로 반박하는 게 아니라 상대방을 깎아내리는 데 집중하다가 감정적인 대립으로 번지는 경우도 흔히 볼 수 있습니다.

실제로 예전에 방영된 〈토론 배틀〉이라는 프로그램은 그 제목에서 짐작할 수 있듯, 토론이 아닌 '전쟁^{battle}' 분위기를 강조했습니다. 토론은 더 나은 해법을 찾는 과정이고, 전쟁은 승패를 가리는 싸움이지요. 전쟁에서는 매너가 중요하지 않듯, 배틀의 목적은 단 하나, 이기는 것입니다.

우리는 살아가면서 나와 다른 의견을 가진 사람들을 수없이 많이 만납니다. 이때 상대방과 대립하는 게 아니라 발전적인 대화를 나누려면 감정적으로 반박하는 게 아니라 논리적인 근거로 설득해야 합니다. 내 주장이 반박당하면 또 다른 논리로 대응할 수 있어야 합니다. 이런 과정이 반복되면서 창의적인 해결책이 도출되고, 우리는 보다 발전적인 방향으로 나아갈 수 있습니다. 진정한 토론은 상대방을 이기는 것이 아니라 함께 더 나은 길을 찾는 과정입니다.

말하는 방식이 결과를 좌우한다

건설적인 토론을 위해서는 나와 다른 의견을 열린 자세로 받아들이고, 그에 대해 심도 있게 고민해보는 태도가 필요합니다. 하지만 막상 반박당하면 감정적으로 불편해지게 마련입니다. 그렇다 보니 상대방 의견에 반박하는 것 자체가 부담스럽게 느껴져서, 반대 의견을 이야기하는 것을 꺼리거나 적당히 타협하는 경우가 많습니다. 조직에서는 특히 이런 경향이 두드러집니다.

직장 동료는 앞으로도 계속 함께 일해야 할 사람들이기에 내 말이 상대방에게 상처가 되지는 않을지, 관계에 악영향을 미치지는 않을지 고민하게 됩니다. 반대 의견을 말하는 게 마치 '관계를 해치는 행위'처럼 느껴지기도 합니다. 그러나 무조건적인 타협이 반드시 좋은 결과를 보장하는 것은 아닙니다. 더 나은 방법이나 가치 있는 대안이 존재한다면, 주저하지 말고 적극적으로 주장해야 합니다. 서로 눈치를 보다가 애매한 결론을 내리면, 결국 양쪽 모두 실망할 수밖에 없기 때문입니다.

물론 의견이 확고할 때는 이를 강하게 주장할 필요도 있습니다. 다만, 상대방의 기분을 상하게 하지 않으면서도 내 주장을 논리적으로 설득력 있게 전달해야 합니다. "난 반대야!" "내 생각은 달라!"라고 직설적으로 표현하면, 주장하는 바가 아무리 타당하더라도 상대방을 감정적으로 자극해 불쾌해질 수밖에 없습니다. 감정이 상하면 아무리 타당한 의견도 받아들이기 어려운 게 인간의 심리입니다. 설득은 말의 내용뿐만 아니라 말의 방식과 분위기에도 크게 영향을 받습니다. 따라서 반대 의견을 부드럽고 논리적으로 전달할 수 있는 방법이 필요합니다. '샌드위치 피드백 기법'은 이런 상황에서 유용하게 쓸 수 있는 방법입니다. 샌드위치 피드백 기법을 활용하면 상대방이 거부감을 느끼지 않으면서도 반대 의견을 자연스럽게 받아들이도록 유도할 수 있습니다.

샌드위치 피드백

샌드위치는 빵 두 조각 사이에 햄, 채소, 소스를 넣어 조화를 이룬 음식입니다. 샌드위치 기법은 이 같은 구조를 커뮤니케이션에 그대로 활용합니다. 이 방법은 부정적인 피드백이나 반대 의견을 거부감 없이 받아들이도록 하는 데 도움이 됩니다. 샌드위치 피드백은 다음과 같은 구조로 이뤄집니다.

긍정적인 피드백(빵) + 반대 의견(햄) + 긍정적인 마무리(빵)

이를 효과적으로 활용하기 위해서는 좀 더 세분화해 4단계로 피드백을 구성하는 것이 좋습니다.

1단계에서는 상대방의 의견이나 행동 중 긍정적인 부분에 동의하거나 칭찬하는 내용으로 시작합니다. 단순히 "좋은 의견이네요"라고 말하는 게 아니라 어떤 점이 좋았는지 명확하게 설명하는 것이 핵심입니다. 2단계에서는 상대방이 왜 그런 의견을 내놓았는지 깊이 있게 이해하고, 그 과정에서 나타난 장점이나 긍정적인 요소를 하나하나 구체적으로 강조합니다. 3단계는 '굳이 ······

하자면' 같은 표현을 사용해 완곡하게 반대 의견을 전달합니다. 이때는 직접적인 표현을 피하고 완충 표현을 넣어 거부감 없이 내 생각을 전달하는 것이 중요합니다. 마지막 4단계에선 긍정적인 분위기로 대화를 마무리합니다. "그럼에도 불구하고" 같은 표현을 활용해 상대방의 의견을 존중해주면서 대화의 흐름을 부드럽게 정리합니다.

구체적인 예를 들어볼까요. 두 사람이 점심 메뉴를 고민하고 있습니다. 한 사람은 담백한 음식을 선호하는 아저씨 입맛이고, 다른 한 사람은 자극적인 음식을 좋아하는 어린이 입맛입니다. 아저씨 입맛 친구가 "우리 순대국밥 먹을래?"라고 제안합니다. 어린이 입맛 친구는 다른 메뉴를 원하지만, "싫어! 다른 거 먹자!"라고 말하면 상대방이 기분 나빠할 것만 같습니다. 이럴 때 샌드위치 피드백 기법을 활용하면 다음과 같이 말할 수 있습니다.

> 넌 고민 없이 메뉴를 빠르게 정해서 참 좋아! (1단계 : 긍정적인 칭찬)
>
> 지난번에도 네가 금방 골라서 고민 없이 맛있게 먹을 수 있었잖아.(2단계 : 긍정적인 과정 구체적으로 언급)
>
> 국밥도 좋지만 어제도 국밥을 먹었으니까 오늘은 김치찌개나 돈가스 같은 색다른 메뉴를 먹어보는 건 어때? (3단계 : 반대 의견 전달)

어쨌든 너랑 같이 밥을 먹으면 항상 새로운 맛집을 발견할 수 있어서 참 좋아! (4단계 : 긍정적인 마무리)

서로 다른 생각과 경험을 가진 사람들 사이에서 의견 차이가 불거지는 것은 어찌 보면 당연한 일입니다. 이를 어떻게 표현하느냐에 따라 관계의 질은 전혀 달라집니다. 샌드위치 피드백 기법을 활용하면 반대 의견을 자연스럽고 부드럽게 전달할 수 있으며, 상대방 역시 이를 기분 나쁘지 않게 받아들일 가능성이 높아집니다.

> **핵심 3문장**
>
> ▶ 토론은 상대방을 이기기 위한 전쟁이 아니라 더 나은 해결책을 찾는 과정이다. 감정적인 대립을 지양하고 논리적인 근거를 바탕으로 의견을 조율해야 한다.
> ▶ 샌드위치 피드백(긍정-반대-긍정)을 활용하면 상대방이 거부감 없이 반대 의견을 받아들이게 유도할 수 있다.
> ▶ 논쟁이 아닌 생산적인 토론을 위해 상대방의 입장을 존중하고, 감정보다는 논리를 바탕으로 의견을 제시하는 태도가 중요하다.

호감 가는 말투를 만드는
한 끗

    같은 말도 어떻게 하느냐에 따라 호감이 될 수도, 비호감이 될 수도 있습니다. 그렇다면 긍정적인 감정을 불러일으키는 말투가 있을까요? 일반적으로 차분하고 나긋나긋한 목소리, 부드럽고 자상한 어조로 말하면 호의적인 반응을 얻기 쉽습니다. 그러나 모든 사람이 선천적으로 이런 목소리와 어조를 가지고 있는 것은 아닙니다. 원한다고 해서 쉽게 바꿀 수 없는 것이 말투입니다. 그렇다고 전문적인 트레이닝을 받기에는 시간적, 경제적 부담이 만만치 않습니다.

    그런데 호감형 말투에는 '한 끗 차이'의 비밀이 숨어 있습니다. 대단하거나 거창한 기술이 아니라, 아주 작은 변화만으로도 인상을 바꿀 수 있는 것이지요. 작은 습관 하나만 바꿔도 누구나 호감 가는 말투를 가질 수 있습니다.

마침표 대신 물음표

말투는 인상을 좌우하는 강력한 커뮤니케이션 도구입니다. 말의 내용보다는 그 말이 어떻게 전달되는지가 더 큰 영향을 미치는 경우가 많습니다. 이렇듯 우리의 인상을 결정짓는 말투를 개선하는 방법은 의외로 간단합니다. 바로 마침표 대신 물음표 사용하기, 종결어미 바꾸기, 그리고 호흡 조절하기입니다. 눈에 띄지 않지만 강력한 이 3가지 전략을 하나씩 살펴보며 말투에 전략적 균형을 더하는 구체적인 방법을 알아보겠습니다.

먼저 '마침표 대신 물음표 사용하기'입니다. "우리 이거 하자"라고 말하면 명령이나 지시처럼 들립니다. 같은 말이라도 마침표를 물음표로 바꾸면 전혀 다른 인상을 줄 수 있습니다. "우리 이거 할까?"라고 말하면 상대방이 부담 없이 응할 수 있는 권유형 표현이 됩니다. 단지 문장의 끝을 부드럽게 바꾸는 것만으로도 상대방이 느끼는 감정이 달라지고, 대화의 분위기가 훨씬 부드러워지는 것이지요. 마침표 대신 물음표를 사용하는 작은 변화만으로도 대화의 분위기가 한결 편안해지는 것은 물론 상대방을 존중하는 인상을 줄 수 있습니다.

다음은 종결어미 바꾸기입니다. 조금만 부드럽게 바꿔도 말의 온도가 달라집니다. "잘 지냈냐?", "밥 먹었냐?", "뭐하냐?" 같은 표현은 아무리 친한 사이라도 공격적이고 거친 느낌을 줄 수 있습니다. 같은 말이라도 "잘 지냈어?", "밥은 먹었니?", "뭐하니?"처럼 어미를 부드럽게 바꾸면 말의 느낌이 훨씬 따뜻해집니다. 목소리가 거칠거나 굵어도 상관없습니다. 말투만 바꿔도 인상이 훨씬 부드러워집니다. 종결어미에 조금만 신경 써도 상대방이 느끼는 감정이 달라지고, 대화가 한층 편안해집니다.

호흡을 조절하는 것은 말투를 안정적으로 유지하는 데 있어 매우 중요한 역할을 합니다. 말을 하다가 호흡이 가빠지거나 뒤로 갈수록 목소리가 작아진다면, 이는 호흡이 제대로 조절되지 않는다는 신호입니다. 말할 때 3음절마다 잠시 멈춰 숨을 들이마시는 습관을 들이면 차분한 말투를 유지할 수 있습니다. 연습하는 방법은 간단합니다. 책이나 신문 기사를 읽으면서 3음절마다 잠시 멈춰봅니다. 호흡이 안정되면서 말의 속도와 어조가 자연스럽게 정돈돼 듣는 사람에게 신뢰감과 평안함을 줄 수 있습니다.

말투를 바꾸는 것은 재능이 아닌 훈련과 연습의 결과입니다. 마침표를 물음표로 바꾸는 것, 종결어미를 조금 더 부드럽게 다듬는 것, 그리고 호흡을 조절하는 것만으로도 상대방이 느끼는 인상이 달라집니다. 이러한 작은 변화들이 모이면 대화의 질이 높아지고, 사람들과의 관계가 더욱 원활해집니다. 말투는 단순한 기술적 요소가 아니라 상대방과의 관계를 형성하고 감정을 전달하는 중요한 열쇠입니다. 지금 이 순간부터라도 말투에 작은 '한 끗'을 더해보세요. 말 한마디에 담긴 작은 차이가 관계의 온도를 바꾸고 나에 대한 인식을 바꿉니다.

핵심 3문장

- ▶ 마침표 대신 물음표를 사용하는 것만으로도 대화가 편안해진다.
- ▶ 종결어미를 부드럽게 바꾸는 것만으로도 말의 인상이 바뀐다.
- ▶ 호흡을 조절하면 말의 속도가 안정되고, 듣는 사람도 편안함을 느낀다.

갈등을 조율하고 해결하는 MTP 전략

갈등은 도대체 무엇일까요? 서로 의견이나 생각이 달라서 충돌하는 현상을 우리는 갈등이라고 부릅니다. 흔히 세대 차이나 성별 차이에 따른 다툼, 혹은 이웃간의 분쟁이 떠오를 겁니다. 우리는 일상생활 속에서 수도 없이 크고 작은 갈등을 겪습니다. 층간 소음 문제부터 도로 위에서의 사소한 다툼까지 일일이 언급하는 게 불가능할 정도로 말이죠. 이런 갈등을 완전히 없애는 것은 현실적으로 불가능합니다. 각자 다른 가치관과 생활양식을 가진 사람들이 모여 사는 사회에서 갈등이 빚어지는 것은 자연스러운 현상이기 때문입니다. 중요한 것은 갈등을 피하는 것이 아니라 그

것을 어떻게 조율하고 해결하느냐입니다. 그러기 위해서는 먼저 갈등이 왜 생기는지부터 알아야 합니다.

갈등은 왜 반복되는가

갈등의 원인을 단순히 '나와 남이 다르기 때문'이라고 생각할 수도 있지만, 사실 그보다 더 근본적인 이유가 있습니다. 인간의 뇌는 외부에서 유입된 정보를 단순히 있는 그대로 받아들이지 않습니다. 각자의 경험과 생각에 따라 선택적으로 받아들이고, 자기만의 방식으로 해석합니다. 그리고 그 과정에서 개인의 주관이 생겨납니다. 즉, 사람마다 기준과 신념, 가치관이 다르게 형성되는 것이죠. 이를 '인지도식認知圖式, schema'이라고 합니다.

예를 들어볼까요. '밤늦은 시간에 집에서 쿵쾅거리며 뛰는 건 예의가 아니다'라는 생각에 대부분 동의할 겁니다. 그런데 '밤늦은 시간'의 기준은 사람마다 다릅니다. 어떤 사람은 9시 정도면 늦은 시간이라고 생각하고 어떤 사람은 11시, 혹은 자정이 지나야 늦은 시간이라고 생각할 수도 있습니다. 아예 이런 생각 자체를 해본 적 없는 사람이 있을 수도 있지요. 어떤 사람은 운전을 하면서 차선을 변경할 때 앞차와 최소한 50미터 정도 거리를 둬야 한다고 생각하지만, 어떤 사람은 그렇게 운전하다가는 제시간에 출근하지 못할 거라며 코웃음을 칠 수도 있습니다.

갈등은 각자의 기준, 신념, 가치관이 충돌하면서 발생합니다. 문제는 누구나 '내 기준이 맞다. 나는 합리적이다'라고 생각한다는 점입니다. 항상성 homeostasis 은 이런 갈등을 더욱 심화시킵니다. 인간은 현재 상태를 유지하려는 본능을 가지고 있는데, 이를 항상성이라고 합니다. 한마디로 익숙한 환경을 지키고 싶어 하는 성향이지요. 이로 인해 자신의 기준과 다른 정보를 접하는 순간, 방어기제가 작동하면서 자기 합리화와 정당화를 하게 됩니다.

직장에서 팀 회의 중 동료가 업무 수행 방식에 대해 비판적인 피드백을 주었을 때, 그 내용이 객관적으로 타당하더라도 사람들은 흔히 '내가 잘못했을 리 없어', '저 사람은 나를 싫어해서 시비를 거는 거야'라는 식으로 자신을 방어하는 쪽으로 반응합니다. 가족이나 친구가 "너 요즘 너무 예민해진 것 같아"라고 말하면 진지하게 자신을 돌아보기보다는 "내가 뭘?", "요즘 나 힘든 거 몰라서 그래?"처럼 즉각 방어적인 태도를 취하는 경우가 많습니다.

이는 모두 자신의 가치관과 자존감을 지키려는 무의식적 반응이라고 할 수 있습니다. 이처럼 나의 가치관과 다른 말을 들으면 그 내용을 받아들이기보다는 자신의 생각을 합리화하려는 반응이 먼저 나옵니다. 그 결과, 자신의 신념을 더욱 강화하거나 감정적 충돌로 이어지는 경우가 많습니다.

이처럼 갈등은 인지적 차이와 방어적 심리, 그리고 감정의 충돌이 복합적으로 얽혀 발생합니다. 따라서 갈등을 해결하려면 단순히 문제를 해결하려는 것 이상의 접근 방식이 필요합니다. 상대방의 입장과 감정을 이해하고, 나 자신을 성찰하는 태도가 중요합니다.

때와 상황에 맞는 갈등 해결 방법

갈등을 어떻게 다루는 것이 좋을까요? 관계의 유형에 따라 접근 방식은 달라져야 합니다. 가족이나 가까운 친구, 지인과는 감정적으로 깊이 얽혀 있기 때문에 이들과 갈등이 빚어지면 더 복잡하고 더 심각하게 느껴집니다. 이런 경우, 갈등을 해결하는 가장 좋은 방법은 양보와 배려입니다.

다만, 여기서 말하는 양보와 배려가 무조건적인 희생을 의미하는 것은 아닙니다. 친구가 밥을 사면 나도 한 번쯤 밥을 사는 것, 올해 휴가는 친구가 가고 싶은 곳으로 떠난다면 다음번에는 내가 원하는 곳으로 가는 것, 가족 모임을 한 번은 형네 집에서 하고 다음번에는 동생네 집에서 하는 것. 이런 작은 배려들이 쌓이면 갈등이 생길 여지가 줄어듭니다.

그런데 문제는 사람마다 성향이 다르다는 점입니다. 어떤 사람은 늘 양보하고, 어떤 사람은 그것을 당연하게 받아들입니다.

이런 상황이 반복되다 보면 결국 감정이 쌓이게 됩니다. 스스로 돌아보면서 '나는 항상 받기만 했는지, 혹은 너무 많이 양보만 하고 있지는 않은지' 점검해볼 필요가 있습니다.

직장 내 갈등은 감정보다는 일과 관련된 문제에서 비롯되는 경우가 많습니다. 업무의 특성상 감정을 표현하기보다는 논리와 근거로 말해야 하는 경우가 많고, 관계보다는 결과 중심의 접근이 요구되기 때문에 갈등이 생겨도 겉으로 드러나지 않는 경우도 많습니다. 하지만 갈등이 축적되다 보면 개인간의 단순한 감정싸움으로 끝나는 것이 아니라 업무적인 비효율을 초래할 수도 있습니다. 따라서 양보와 배려뿐만 아니라 감정을 배제하고 구체적인 근거와 대안을 제시하는 문제 해결 중심의 대화를 시도하는 과정이 필요합니다.

회의 중 누군가가 "요즘 회사 분위기가 경직된 것 같은데, 소통 게시판을 운영해보면 어떨까요?"라는 의견을 제시했습니다. 그런데 "그거 해봐야 잘 안 될 텐데", "괜히 시간 낭비, 돈 낭비만 할 거 같은데요", "관리는 누가 하나요? 일만 많아지겠네요" 이런 반응이 돌아온다면 어떨까요? 이렇게 아무런 근거 없이 반대하는 것은 감정적인 충돌을 불러올 뿐입니다.

그렇다면 반대 의견은 어떻게 말해야 할까요? "소통 게시판을 도입한 사례를 살펴보면, 의도와 달리 비난이나 공격적인 글이 많아지는 경우가 있었습니다", "익명성이 보장되더라도 내부에서는 누가 작성했는지 알게 되는 경우가 많아서 실질적으로 활성화되기 어려울 수도 있어요" 등등 구체적인 근거를 제시한 후, 대안을 함께 제안해야 합니다. "소통을 활성화하는 것이 목적이라면, 일주일에 한 번씩 무작위로 선정된 직원들이 함께 점심을 먹는 방식이나 부서간 교류 행사를 진행하는 게 더 효과적일 것 같은데, 어떻게 생각하시나요?" 이런 식으로 상대방의 의견을 존중하면서도 합리적인 대안을 제시하면 불필요한 감정 소모 없이 더 좋은 결론에 도달할 수 있습니다.

사회단체나 친목 모임에서도 갈등이 흔히 발생합니다. 이런 관계에서는 대개 역할, 책임, 규칙, 권한 분배 등에 대한 의견 차이로 갈등이 발생하기 쉽습니다. 예를 들면 단체 회비 문제, 운영 방식, 리더십에 대한 불만 등이 그 원인일 수 있겠지요. "월회비를 3만 원에서 5만 원으로 인상하려고 합니다"란 의견이 제시됐습니다.

다짜고짜 "싫어요", "안 돼요", "필요 없어요"라고 답하면 갈등만 심화될 뿐입니다. 그보다는 구체적인 근거와 대안을 제시하면 좋은 결과를 이끌낼 수 있습니다. "코로나 이후 비대면 모임이 많아지면서 운영비가 절약되었어요. 그러니 회비를 올리기보다는 새로운 프로그램을 도입하는 게 효과적이지 않을까요?" 혹은 "비대면 행사를 계속하려면 관련 장비를 구입해야 하는데, 장비 구입은 한 번이면 끝나는 비용이니 지속적으로 회비를 인상하는 것보다는 단기적으로 한두 달만 회비를 올리는 게 어떨까요?"라는 식으로 대안을 제시해봅니다.

갈등을 해결하는 또 하나의 방법, MTP 전략

MTP는 사람Man, 시간Time, 장소Place의 머리글자로, 대화 방식과 환경을 조절함으로써 갈등을 효과적으로 해결하는 전략입니다. 대화 담당자를 바꾸거나 중재자를 두는 것, 감정이 격해진 상태에서 즉시 해결하기보다는 시간을 두고 감정을 가라앉힌 후 대화를 나누는 것, 갈등이 발생한 장소가 아닌 다른 공간으로 자리를 옮기는 것이 주요 내용입니다. 이를 실전에서 어떻게 활용할지 예를 들어보겠습니다.

먼저 MMan, 대화의 담당자를 바꾸는 방법입니다. 갈등이 격해진 상황에서는 당사자들끼리 직접 대화를 나누는 게 어렵습니다. 이럴 때는 중재자를 두거나 제3자를 통해 소통하는 것이 효과적입니다. A 팀과 B 팀이 프로젝트 진행 방식을 놓고 갈등을 겪고 있습니다. 각 팀의 팀장이 직접 논의하면 감정이 격해질 가능성이 높습니다. 이런 상황에서는 팀장들이 직접 논의하기보다는 중립적인 입장의 부서장이 중재자로 나서는 것이 효과적입니다. 제3자의 개입은 감정적 대응을 줄이고 객관적인 해결책을 찾도록 도와줍니다.

다음은 T^{Time}, 시간을 두고 해결하는 방법입니다. 감정이 격해진 상태에서는 논리적으로 대화하기 어렵습니다. 이럴 땐 즉각적인 해결을 시도하는 대신 시간을 두고 감정을 가라앉힌 뒤 다시 논의하는 것이 바람직합니다. 회의 중 크게 의견 충돌이 빚어진 상황에서 바로 결론을 내리려고 하면 감정적인 갈등이 커질 가능성이 큽니다. 갈등을 즉시 해결하려는 성급함을 보이기보다는 시간을 두고 해결을 시도하는 것이 더 효과적입니다. 잠시 여유를 갖고 생각해보면 감정이 가라앉고, 보다 논리적으로 접근할 수 있게 됩니다.

마지막으로 P^{Place}, 장소를 바꾸는 방법입니다. 갈등이 발생한 장소에서 계속 논의하다 보면 감정적이 되기 쉽습니다. 그 장소를 떠나 새로운 환경에서 이야기하다 보면 감정이 누그러지고 이성적으로 대화를 나눌 수 있습니다. 부모와 자녀가 집에서 자주 갈등을 겪고 있다면 잠시 장소를 옮겨보는 것도 좋습니다. 같은 장소에서 반복적으로 논의하다 보면 감정이 격해지기 쉽습니다. 이럴 때 카페나 공원 같은 편안한 장소에서 대화를 나누면 갈등이 완화될 수 있습니다. 장소를 바꾸면 기존의 감정적 흐름에서 벗어나 새로운 시각에서 대화할 수 있기 때문입니다.

관계에서 갈등은 피할 수 없습니다. 중요한 것은 갈등을 어떻게 대하느냐입니다. 어떤 갈등 상황이든 피하기보다는 해결을 시도하는 것이 바람직합니다.

그렇다고 내 주장만 내세울 순 없습니다. 상대방의 입장에서 한 번 더 생각해보고, 내 입장을 논리적으로 정리해서 전달하는 연습을 하면 불필요한 갈등을 줄이고 원만한 관계를 유지할 수 있습니다.

핵심 3문장

- ▶ 각자의 신념과 가치관이 충돌하면서 갈등이 발생하는데, 항상성을 유지하려는 인간의 본능은 이를 더욱 심화시킨다.
- ▶ 가족과 친구 사이에서는 균형 잡힌 배려를 하고, 직장에서는 근거와 대안을 갖춘 의견을 제시하며, 단체에서는 명확한 논리를 통해 자신의 의견을 밝히면 갈등을 줄일 수 있다.
- ▶ MTP 전략(사람, 시간, 장소)을 활용해 적절한 중재자의 도움을 받고 대화 시점, 장소를 조정하면 감정적 대립을 피하고 갈등을 원만하게 해결할 수 있다.

4장 설득

반드시 결과를 만드는 프로의 설득법

교육업에 몸담기 전, 저는 10년 정도 제약회사에서 영업을 담당했습니다. 회사를 떠난 지 오랜 시간이 지났지만 회사 내 '최연소', '최단 기간', '최대 매출' 기록에는 아직도 제 이름이 올라 있습니다. 지금도 자부심을 느끼게 하는 기록이지요. 그 같은 성과를 이뤄낼 수 있었던 것은 고객의 감정과 직관을 움직이는 설득의 기술 덕분이었습니다.

기억에 남는 사례를 소개합니다. 한 중소기업의 60대 대표님과 상담하는 중이었습니다. 사무실에서 30분 정도 이야기를 나누고 있는데, 갑자기 문이 열리더니 비슷한 또래의 지인이 들어왔습니다. 한창 대화 중인데도 아무런 거리낌 없이 들어오더니 제가 가져온 자료들을 힐끗 보고는 "뭐야, 약 팔러 왔어? 이런 거 사지 마. 나중에 후회하지 말고 내 말 들어. 다른 곳 소개해줄게"라고 하더군요. 그 한마디 말에 저에 대해 어떤 생각을 하고 있는지 빤히 보였지만, 거래의 성사를 눈앞에 둔 영업사원에게는 선택지가 많지 않았습니다. 그저 웃으면서 "약 아닙니다. 건강기능식품이죠. 약이라고 광고하면 저희 큰일나요"라고 대답했습니다.

그렇게 자칫 어색해질 수 있는 순간, 제 고객이 한마디했습니다. 그 한마디 덕분에 지금의 제가 있게 되었다고 해도 과언이 아닙니다. "자네 눈에는 이게 약으로밖에 안 보이지? 나는 지금 약을 사는 게 아니야. 저 젊은이의 열정을 사는 거지." 그러더니 따뜻한 미소를 보이며 계약서에 서명해주었습니다.

흔히 설득이라고 하면 수려한 외모와 화려한 언변이 중요할 거라고 생각하는데, 절대 그렇지 않습니다. 앞선 일화에서 저는 거래를 성사시키기 위해 방해자를 애써 설득하지도 않았고, 논리적으로 논쟁을 벌이지도 않았습니다. 그저 첫 대면부터 마무리까지 고객의 감정과 직관에 초점을 맞췄지요. 미리 신뢰와 호감을 쌓아 고객을 제 편으로 만들어놓기도 했고요. 덕분에 고객은 자신의 지인보다 제 손을 들어주었습니다.

의사결정에 있어서는 이성과 논리보다 감정과 직관이 더 중요합니다. 아무리 이성적이고 논리적인 사람처럼 보이더라도 의사결정의 시작점은 대부분 감정입니다. 이성적이고 합리적으로 보이는 것일 뿐이지요. 이번 장에서는 상대방의 감정과 직관을 어떻게 설득에 활용할 수 있는지 그 구체적인 방법을 살펴보겠습니다.

상황에 관계 없이 언제 어디서나 설득력 있게 말하고 원하는 결과를 이끌어내는 프로의 커뮤니케이션 전략을 소개합니다.

프로는 어떻게 설득하는가

당신은 일상 속에서 얼마나 자주 설득을 경험하나요? 우리는 살아가면서 끊임없이 설득의 과정을 주고받습니다. 설득이란 논쟁을 벌이는 것이나 의견을 제시하는 것을 넘어서 상대방의 생각과 행동에 영향을 미치는 모든 행위를 포함하는 개념입니다. 그렇기에 설득력 있는 대화의 기술을 익히는 것은 누구에게나 중요합니다.

일반적인 대화와 설득을 목적으로 하는 대화는 분명한 차이가 있습니다. 단순히 정보를 전달하거나 의견을 표현하는 것이 아니라 상대방의 인식이나 행동을 변화시키는 데 목적이 있기 때문입니다. 그렇다면 설득력을 높이기 위해서는 어떤 요소들을 고려해야 할까요?

설득에 대한 오해와 진실

설득은 영업직이나 상담직에 종사하는 사람들에게만 필요한 능력이라고 생각하는 사람들이 많은데, 절대 그렇지 않습니다. 학교에서 발표하는 것도, 직장에서 면접을 보는 것도, 친구들과 게임할 방법을 결정하는 것도 모두 설득의 과정입니다. 이처럼 인간은 누구나 설득의 영향력 속에서 살아갑니다.

설득력을 키우기 위해서는 설득의 본질을 정확히 이해해야 합니다. 아리스토텔레스는 설득의 3가지 핵심 요소를 '에토스 Ethos', '파토스 Pathos', '로고스 Logos'라고 정의했습니다. 에토스는 설득하는 사람의 신뢰도와 권위를 의미하는 것으로 전문성, 외모, 목소리, 태도 등으로 표현됩니다. 파토스는 감성적인 접근 방식입니다. 존중, 배려, 공감 등을 통해 상대방의 감정을 움직이는 것이지요. 로고스는 논리적, 객관적인 근거를 의미합니다. 통계, 데이터, 정량적인 정보 등을 활용하는 능력이라고 할 수 있습니다.

이 3가지는 설득을 하는 데 있어 필수적인 요소이지만, 그 비중은 각기 다릅니다. 설득의 영향력을 100으로 봤을 때, 에토스는

60, 파토스는 30, 로고스는 10 정도를 차지합니다. 그런데 사람들은 설득해야 할 때 로고스(논리적 근거)에 지나치게 의존하는 경향이 있습니다. 논리가 중요한 것은 사실이지만, 상대방의 감성과 신뢰를 고려하지 않는다면 오히려 방어기제가 작동해 설득하는 게 어려워질 수도 있습니다.

설득을 가로막는 방어기제

인간은 익숙한 환경과 기존 신념을 유지하려는 항상성을 가지고 있습니다. 이와 맞지 않는 정보나 변화는 본능적으로 거부하려고 하지요. 이를 방어기제라고 합니다. 방어기제가 작동하면 설득을 받아들이기보다 방어하거나 반박하려는 심리가 강해집니다. 따라서 상대방을 효과적으로 설득하려면 방어기제를 건드리지 않고 무의식 속에 메시지를 각인시켜야 합니다. 다시 말해, 상대방이 설득당했다고 느끼지 않고 스스로 결론을 내리도록 유도하는 것이 핵심입니다. 이를 위해 2가지를 꼭 기억해야 합니다.

- 상대방의 언어를 사용할 것
- 선택 요청은 단 한 번만 강력하게 할 것

먼저, 상대방의 언어를 사용하라는 것은 설득하는 사람이 그로 인한 이점을 직접 설명하는 것이 아니라, 상대방이 스스로 그것을 찾아낼 수 있도록 유도해야 한다는 뜻입니다. 예를 들어, 공부 방법에 혼란을 느끼는 학생과 대화한다면 이렇게 말할 수 있습니다. "A 방법과 B 방법이 있는데, 각각의 장점이 달라. 너는 어떤 방법이 더 적합하다고 생각하니?", "A 방법을 선택하면 어떤 점이 좋을까?", "그 경우, 네가 얻을 수 있는 가장 큰 혜택은 무엇일까?"처럼 질문을 통해 학생이 스스로 대답을 찾아내도록 유도하면 설득력을 극대화할 수 있습니다. 이때 정보를 제공하고 방향을 조언할 뿐, 선택과 결정을 강요하지 않는 것이 중요합니다.

둘째, 선택 요청은 단 한 번만 강력하게 합니다. 600여 건의 상담 사례를 분석한 결과, 선택 요청을 하지 않았을 때 설득 성공률은 22퍼센트, 한 번 요청했을 때는 61퍼센트, 두 번 요청했을 때는 31퍼센트, 세 번 이상 요청했을 때는 19퍼센트로 떨어졌습니다. 여러 번 요청하면 설득력이 오히려 약해진 것이지요.

그럼 요청의 순간은 대체 어떻게 알 수 있을까요? 상대방에게 더 궁금한 점이 있는지, 추가로 필요한 부분은 어떤 것인지, 더 알고 싶은 내용은 무엇인지 꼼꼼하게 확인하고 난 이후가 바로 선택을 요청해야 하는 결정적인 순간입니다.

상대방의 의견을 충분히 듣고 난 뒤 "혹시 더 궁금한 점이 있나요?", "추가로 알고 싶은 부분이 있나요?", "이 방법에 대해 더 고민해볼 부분이 있나요?" 같은 질문을 한 다음에 단 한 번만 강하게 선택을 요청하면 설득 확률이 높아집니다. 간혹 자신의 영향력이나 설득력을 과시하고 싶은 나머지 상대방이 불편할 정도로 지나치게 반복적으로 요청하거나 과하게 밀어붙이는 사람들이 있는데 이는 설득이 아니라 압박입니다. 설득은 대화이지 강요나 조종이 아닙니다. 이를 명확히 인식하는 것이 설득의 시작입니다.

핵심 3문장

- ▶ 설득에는 논리(로고스)보다 신뢰(에토스)와 감성(파토스)이 더 큰 영향을 미친다. 상대방의 신뢰를 얻고 공감하는 것이 중요하다.
- ▶ 방어기제를 자극하지 않으려면 상대방이 스스로 결론을 내리도록 유도하고, 선택 요청은 단 한 번만 강력하게 해야 한다.
- ▶ 설득력을 높이려면 상대방의 언어를 사용하고 혜택을 직접 설명하기보다 질문을 통해 상대방이 스스로 답을 찾게 해야 한다.

사실보다 심리를 공략하라

업종과 규모, 지역을 막론하고 모든 브랜드의 가장 큰 목적은 이윤 창출입니다. 매출을 올리려면 고객의 지갑을 여는 방법을 알아야 합니다. 저는 10년째 교육 콘텐츠를 만들어서 판매하고 있고, 그 이전에 10년 동안 제품을 판매했습니다. 이 과정에서 자연스럽게 소통에 대한 감각이 길러졌고, 그 덕분에 지금은 소통, 커뮤니케이션 전문가로 활동하고 있습니다. 의사소통이나 대인 관계, 갈등 관리 같은 일반적인 커뮤니케이션 강의 외에 판매, 상담, 고객 응대 등 매출을 높이는 소통 방법에 대한 강의 또한 많이 하고 있습니다. 교육과 강의 과정에서 제가 가장 먼저, 또 가장 많이 하는 이야기가 있습니다. '무엇을 팔지?', '어떻게 팔지?'보다는 '우리가 무엇을 줄 수 있을까?', '어떤 것들을 함께할 수 있을까?' 부터 고민해야 한다는 것입니다. 이 짧은 문장에 영업과 판매의 정수가 녹아 있습니다.

교육 콘텐츠를 만들어 판매하는 제가 만약 '무엇을 팔지', '어떻게 팔지'만 고민한다면 어떤 교육 콘텐츠를 만들게 될까요? 요즘 유행하는 키워드들을 마구잡이로 짜깁기할 겁니다. 그런 다음 그것들을 판매할 때 짜깁기한 게 아닌 척, 온갖 미사여구를 동원해서 포장하겠죠. 소위 '핫한' 키워드를 번지르르한 설명과 미사여구로 포장해놓았으니 처음에는 판매될 수도 있지만, 실속이 없다는 사실이 금세 드러날 겁니다. 조금만 귀 기울여봐도 맥락 없는 짜깁기라는 것을 누구나 알 수 있을 테니까요. 반대로 '무엇을 줄 수 있을까', '어떤 것들을 함께할 수 있을까'를 고민하면, 콘텐츠는 본질적인 가치에 충실하게 됩니다. 실제로 저는 교육을 통해 사람들이 일상생활에서 써먹을 수 있는 내용, 즉 실전 사례와 적용 가능한 내용에 집중합니다. 그러다 보면 콘텐츠의 질이 높아지고, 자연스럽게 사람들의 선택을 이끌 수 있게 됩니다.

결국 제대로 소통하기 위해서는 '무엇을 팔지, 어떻게 팔지?' 대신 '무엇을 줄 수 있을까, 어떤 것들을 함께할 수 있을까?'를 먼저 생각하는 것이 기본 중 기본입니다. 그리고 그 고민의 결과물을 어떻게 전달하느냐에 따라 매출의 차이가 발생합니다.

주관적 이익이 숫자를 이기는 이유

사람들은 스스로 '합리적인 판단'을 한다고 믿습니다. 기대효용이론에 따르면, 대부분의 사람은 위험 회피적인 성향을 가지고 있어서 불확실한 상황에서도 가장 합리적인 선택을 내릴 수 있다고 하지요. 그러나 실제로 인간은 그렇게 합리적이지 않습니다. 오히려 '합리적이고 싶어 하는 존재'에 가깝습니다.

예를 들어볼까요. 옷을 사러 갔습니다. 마음에 드는 제품을 골랐더니 가격이 50만 원입니다. 계산하려는데 갑자기 직원이 차로 20분 거리의 2호점에서는 48만 원에 팔고 있다고 알려줍니다. 만약 당신이라면 그곳으로 가겠습니까? '예스' 혹은 '노'를 선택해보세요.

이번에는 전자패드를 구입하러 갔습니다. 마음에 드는 제품을 골랐더니 가격이 10만 원입니다. 계산하려는데 갑자기 직원이 차로 20분 거리의 2호점에서는 8만 원에 팔고 있다고 알려줍니다. 이번엔 어떤가요? 마찬가지로 '예스' 혹은 '노'를 선택해주세요.

인간이 늘 합리적인 선택을 하는 존재라면 누구에게 이 질문을 하든 동일한 답변이 나와야 합니다. 논리적으로 생각해보면 두 경우 모두 2만 원을 절약할 수 있는 기회입니다. 이동하는 데 걸리는 시간도 같고, 할인 금액도 같습니다. 그렇다면 둘 다 '예스'

혹은 둘 다 '노'라고 답해야 하지 않을까요? 하지만 실제 실험에서는 50만 원짜리 옷의 경우에는 29%가 '예스'라고 답했고, 10만 원짜리 전자패드의 경우에는 68%가 '예스'라고 답했습니다. 왜 이런 결과가 나타나는 걸까요?

바로 기준점의 차이 때문입니다. 50만 원이라는 높은 가격에서는 2만 원을 아낄 수 있다는 게 크게 느껴지지 않지만, 10만 원의 경우에는 크게 느껴집니다. 이처럼 사람들은 객관적인 금액보다 '느껴지는 가치', 즉 주관적 이익에 더 민감하게 반응합니다. 이는 2002년 노벨경제학상을 수상한 심리학자 대니얼 카너먼이 발표한 전망 이론에서 이야기한 준거점 의존성과 민감도 체감성과 관련된 내용이기도 합니다. 이 같은 심리를 실제 판매 전략에 어떻게 활용할 수 있을까요?

몇 가지 상황으로 나누어서 정리해보겠습니다. 먼저 고객에게 선택지를 제시해야 하는 상황이라면 2가지보다는 3가지를 제시합니다. 선택에 직면할 경우, 우리는 '합리성'보다는 '정당성'을 추구합니다. 그리고 3가지 선택지를 제시하면 대부분의 선택이 중간 지점에 집중되는 모습을 보입니다. 마트에 1만 원, 3만 원, 5만 원짜리 선물 세트를 진열해놓으면 중간 가격인 3만 원짜리가 가장 잘 팔립니다. 3만 원, 5만 원, 7만 원짜리를 진열해놓으면 어떨까요? 인간이 늘 합리적이라면 이때도 3만 원짜리 선물 세트가 가장 잘 팔려야 하지만, 이 경우에도 중간 가격인 5만 원짜리가 가장 잘 팔립니다. 일종의 중심화 경향이지요.

　　판매하는 제품의 가격과 관련해서도 선택의 심리를 활용할 수 있습니다. 가격이 높은 경우에는 할인 금액을 강조하고, 가격이 낮은 경우에는 할인율을 강조하는 게 좋습니다. 200만 원짜리 제품을 50만 원 할인해서 150만 원에 판매할 때는 '25퍼센트 할인'보다는 '50만 원 할인해드립니다'라고 표현하는 게 더욱 강한 인상을 남깁니다. 반대로 20만 원짜리 제품을 6만 원 할인해서 14만 원에 판매할 때는 '6만 원 할인'보다는 '35퍼센트 할인'이라고 표현하는 게 더 매력적으로 느껴집니다. 25퍼센트 할인이든 50만 원 할인이든 혜택은 같지만 받아들이는 고객이 보다 듣기 좋게, 더 매력적으로 표현하는 게 핵심입니다. 표현 방식 하나가 설득력을 바꿉니다.

　　사은품을 줄 때도 마찬가지입니다. 구매한 제품과 같은 계정으로 인식하면 할인율을 강조하고, 다른 계정으로 인식하면 사은품이라고 표현합니다. 예를 들어, 에어컨을 사면서 필터 청소와 AS 기간을 연장하는 서비스에 추가 가입했고, 폴딩 카트를 선물로 받은 상황입니다. 이때 에어컨과 같은 계정으로 인식되는 필터 청소와 AS 기간 연장은 예상 비용을 산출해서 '○○원 상당의 할인 혜택입니다'라고 표현하고, 폴딩 카트는 에어컨과 다른 계정으로 인식이 되니 '사은품으로 드립니다'라고 표현하는 게 좋습니다.

손실은 이익보다 크게 느껴진다

이번에도 질문을 던질 테니 2가지 선택지 중 하나를 고르면 됩니다. 무조건 1000만 원을 투자해야 합니다. 1번, 확실하게 800만 원을 번다. 2번, 1000만 원을 벌 가능성은 85퍼센트, 전혀 벌지 못할 가능성은 15퍼센트다. 어느 쪽을 선택하겠습니까?

다음 질문입니다. 마찬가지로 무조건 1000만 원을 투자해야 하는 상황인데 선택지가 조금 다릅니다. 1번, 확실하게 800만 원을 잃는다. 2번, 1000만 원을 잃을 가능성은 85퍼센트, 전혀 잃지 않을 가능성은 15퍼센트다. 어느 쪽을 선택하겠습니까?

인간이 늘 합리적인 선택을 하는 존재라면 첫 번째 질문이든 두 번째 질문이든 같은 답변이 나와야 하지만, 실제 결과는 그렇지 않습니다. 실험 결과, 대부분의 사람들이 첫 번째 질문에서는 1번 '확실하게 800만 원을 번다'를, 두 번째 질문에서는 2번 '1000만 원을 잃을 가능성은 85퍼센트, 전혀 잃지 않을 가능성은 15퍼센트다'를 선택했습니다. 첫 번째 질문에서는 이익 확실성을 선택하고 손실 부담을 회피한 것이지요. 그런데 재미있는 사실을 눈치챘나요? 확률적으로 사실 1번의 이익률은 80퍼센트, 2번의 이익률은 85퍼센트로 2번의 확률적 기대치가 더 높습니다. 두 번째 질문 역시 손실 확실성을 회피하고 이익 가능성을 선택했지만, 사실 1번은 '-800만 원', 2번은 '-850만 원'으로 확률적 기대치와 선택이 반대인 것을 확인할 수 있습니다.

　이것이 바로 사람들이 손실 상황에서 보이는 '갬블적 인지 성향'이자 전망 이론에서 이야기하는 '손실 회피성'입니다. 즉, 같은 크기라면 손실이 이익보다 2~2.5배 더 크게 느껴진다는 것이지요. 우리는 스스로 합리적이라고 생각하지만, 사실은 느낌과 손실 회피라는 심리적 요인에 크게 영향을 받습니다. 이 점을 이용하면 매출과 고객 만족도라는 두 마리 토끼를 동시에 잡을 수 있습니다.

핵심 3문장

- 매출을 높이려면 '무엇을 팔지'보다 '고객에게 무엇을 줄 수 있을까'를 고민해야 한다.
- 사람들은 객관적 이익보다 주관적 이익을 중요하게 여기므로 할인 방식과 선택지를 제시할 때는 전략이 필요하다.
- 손실을 이익보다 더 크게 느끼는 심리를 활용하면 고객의 구매 결정을 효과적으로 유도할 수 있다.

매출을 높이는 3가지 대화법

사람이 의사결정을 내리는 방식은 의외로 굉장히 단순합니다. 우리는 누구나 '필요needs'에 의해 선택하고, 그 필요는 '욕구wants'로 인해 만들어집니다. 따라서 매출을 높이기 위한 핵심은 고객의 필요를 키우고 욕구를 촉진시키는 방법을 찾아내는 것이라고 할 수 있습니다. 앞서 살펴본 고객의 구매심리를 이해하고 활용하는 전략이 바로 이에 해당합니다. 단순 활용법부터 때와 상황에 맞는 응용법에 이르기까지 간단히 정리하면 3가지로 요약할 수 있습니다. 첫째 '고객이 얻을 수 있는 모든 혜택에 대해 질문하기', 둘째 '때와 상황에 맞는 화법과 전략 선택하기', 셋째 '심리 효과를 최대한 활용하기'입니다.

고객의 혜택에 대해 질문하기

고객이 얻을 수 있는 혜택에 대해 질문한다는 것은 판매자가 일방적으로 설명하기보다는 고객이 직접 이야기하도록 유도한다는 뜻입니다. 이렇게 하면 고객은 판매자에게 설득당한 게 아니라 자기 의지에 따라 의사결정을 내린 것으로 인지해서 만족도가 더욱 높아집니다. 또한 선택 과정에서 자신의 관여도와 기여도가 높다고 생각하기 때문에 만족도가 다시 한번 높아집니다. 자연스럽게 선택을 통해 얻는 혜택에 대한 확신이 강해지고 장기 기억에 저장됩니다. 아울러 의사결정에 영향력을 행사하려는 주변 인물들의 반대와 저항을 스스로 극복하도록 유도하는 효과까지 얻을 수 있습니다.

예를 들어볼까요. 보험설계사가 친구에게 보험을 판매하러 왔습니다. 무작정 친분으로 떠밀기보다는 "기존에 가입한 보험과 비교했을 때 이 상품은 어떤 점이 더 마음에 들어?", "이 상품이 가족에게 어떤 도움이 될 수 있을까?"처럼 고객이 혜택을 직접 말하도록 유도하는 질문을 던지면 상대방도 친구니까 어쩔 수 없이 보험에 가입했다고 생각하기보다는 스스로 결정했다는 인식을 갖게 되고, 주변의 반대가 있어도 "내가 비교해보고 판단한 결과야"라며 자기 결정을 정당화할 수 있습니다. 결과적으로 구매 후 만족도와 유지율도 높아집니다.

냉장고나 세탁기처럼 고가의 가전제품을 판매할 때도 마찬가지입니다. "이 제품을 사용하면 어떤 점이 가장 편리할 것 같으세요?", "지금 사용 중인 제품에서 불편한 점이 있었나요? 이 제품이 그 점을 해결할 수 있을까요?" 같은 질문을 통해 고객이 제품의 장점을 자신의 생활과 연결해 말하도록 유도합니다. 이렇게 고객이 스스로 제품의 장점을 언급하다 보면 단순히 직원의 홍보에 떠밀려 제품을 구매한 것이 아니라 나를 위한 선택이라고 느끼게 되어 가격이 다소 높더라도 그 결정에 확신을 갖게 됩니다.

때와 상황에 맞는 화법 전략 선택하기

때와 상황에 따라 적절한 화법 전략을 선택하는 것은 판매의 성패를 가르는 중요한 요소입니다. 이 같은 화법 전략에는 대표적으로 4가지가 있습니다. 바로 선택을 유도하는 '유도 기법', 선택 이후의 결과를 상상해보게 하는 '가정 기법', 작은 선택부터 큰 선택으로 확장하는 '2차 기법', 가장 좋은 것을 먼저 보여주는 '손실 기법'입니다. 하나하나 자세히 살펴보겠습니다.

첫째, '유도 기법'입니다. 고객이 구매 의사가 있는지 없는지 판단하기 어려울 때는 유도 기법을 적용해봅니다. "A가 좋으세요, B가 좋으세요?", "이번 주부터 시작하길 원하세요? 다음 주부터 시작하는 게 더 편하세요?"처럼 대화 중간에 슬쩍 선택을 유도합니다. 이렇게 질문하면 "저는 B가 더 좋습니다" 아니면 "아직 결정 전입니다" 혹은 "상담을 시작한 지 얼마나 됐다고 벌써부터 그런 걸 물어보시죠?"라는 답변이 나올 겁니다. 어떤 대답이 나오든 고객의 의사를 판단할 수 있습니다. 만약 두 번째나 세 번째 같은 답변이 나오면 화제를 바꾸면 그만입니다. "같이 더 생각해볼까요", "지금 당장 결정하시라는 게 아니에요. 더 좋은 쪽으로 안내해드리려고 여쭤봤습니다" 하고 말이죠. 이걸 심리학에서는 '문틈에 발 넣기, 문틈에서 발 빼기' 기술이라고 부릅니다.

다음은 '가정 기법'입니다. 고객이 어느 정도 구매 의사를 보일 때 적용합니다. 제품을 구매한 이후 고객이 경험할 것들을 시간의 흐름에 따라 순서대로 상세히 설명하면서 상상력을 자극하는 방법이지요. 예를 들면, "냉장고는 이 카드로 결제하시면 돼요. 포인트 적립과 캐시백 환급은 다음 날 될 거예요. 배송은 기사님이 먼저 연락드릴 테니 그때 날짜를 잡으시고, 설치에는 한 시간 정도 소요될 겁니다. 사용하다 궁금한 게 있으면 이 번호로 연락 주세요"처럼 앞으로 있을 일들을 구체적으로 안내해줍니다.

가정 기법은 경험이 부족해 자신의 결정에 확신을 갖지 못하는 고객에게도 유용합니다. 그런데 사실 대부분의 제품이나 서비스는 먼저 대가를 지불해야 경험할 수 있습니다. 새 옷을 입어보고 마음에 들지 않는다고 환불할 수는 없습니다. 음식을 먹어보고 맛없다고 값을 치르지 않을 수는 없지요. 그럼에도 불구하고 대가를 치르기 전에 경험해보기를 원하는 이들이 있습니다. 이런 경우, 가정 기법은 가장 현실적인 대안입니다.

다음은 '2차 기법'입니다. 작은 부분부터 선택하게 하고 점차 큰 부분에 대한 선택을 유도하는 방법이지요. 특히 고가의 제품일수록 효과적입니다. 자동차를 구입하는 상황을 예로 들어보겠습니다. 고객이 전시장에 들어서자마자 "A차 사실래요, B차 사실래요?"라고 묻는 판매자는 절대로 없습니다. "어떤 색상을 원하세요?" "꼭 있었으면 하는 기능은 뭔가요?" "배기량은 어느 정도 생각하십니까?" "출퇴근용인가요, 레저용인가요?" "승용이 좋으세요, SUV가 좋으세요?" "예산은 어느 정도를 생각하시나요?" 이렇게 작은 부분부터 하나씩 답하게 유도하면서 점차 큰 선택지로 이끄는 방법입니다. 이 경우 질문에 차근차근 답하다 보면 마지막에 남는 선택은 "A보다는 B 차량이 더 알맞겠네요"가 되겠지요.

마지막으로 알아볼 것은 '손실 기법'입니다. 고객의 구매 의사가 확실할 땐 손실 기법을 추천합니다. 얻을 수 있는 가장 큰 이익에서 하나씩 빼나가면서 선택 욕구를 자극하는 방법입니다. 집을 보러 가면 공인중개사가 어떤 집부터 보여주던가요? 가장 좋은 집입니다. 이때 하는 말은 대개 다음과 같습니다. "말씀하신 조건에 맞는 매물을 3개 골라놨어요. 그리고 가는 길에 참고할 만한 집을 하나 더 보여드릴게요." 맞습니다. 하나 더 보여준다고 한 그 집이 구경할 집 중에서 제일 좋은 집입니다. 이제 어떻게 될까요? 다음에 볼 내 예산에 맞는 집은 어떨까요? 맨 처음 본 집에 비하면 방이 하나 없거나 화장실이 하나 적거나 거실이 작거나 주차가 불편합니다. 아직 내 것은 아무것도 없는데 왠지 내가 얻을 이익이 없어졌다는 느낌에 예산을 늘릴 방법부터 고민하게 됩니다.

심리 효과 활용하기

판매자가 활용할 수 있는 심리 효과는 이밖에도 굉장히 많습니다. 사람들은 자신과 비슷한 또래나 상황에 있는 이들의 선택을 따르는 경향이 있습니다. 이를 '사회적 증거 효과 Social Proof'라고 합니다. 예를 들어, "고객님 또래들이 가장 많이 선택한 제품이에요", "기념일 선물로 가장 인기 있는 제품이에요" 같은 말은 자신의 선택이 합리적이고 다수의 선택이라는 심리적 안정감을 제공합니다. '사람들의 보편적 성격이나 특징을 자신만의 특성으로 여기는 심리적 경향인 '바넘 효과 Barnum Effect'를 활용할 수도 있습니다. "고객님처럼 스트레스가 많고 피로를 자주 느끼는 분들께 꼭 필요한 제품이에요." "피부가 민감하면서도 건조한 편이시네요? 그런 분들께 딱 맞는 제품이에요." 이런 표현은 고객이 특별히 현명한 선택을 한 듯한 착각을 심어줍니다. 때로는 상대적으로 열등한 대안을 같이 제시해서 처음 제시한 제품을 보다 매력적으로 보이게 만드는 '유인 효과 decoy effect'도 활용합니다. "가격은 이 제품이 저렴한데, AS가 불편해요", "이 제품이 더 유명하지만, 고객 후기가 썩 좋지 않더라고요"라고 덧붙이는 방식으로 비교 대안을 제시하면 고객의 결정을 이끌어낼 수 있습니다.

고객의 심리를 움직이는 방법은 다양합니다. 다만 어떤 경우라도 내가 고객에게 '무엇을 줄 수 있을까, 어떤 것들을 함께할 수 있을까'에 대한 진지한 고찰과 사색이 선행되어야 한다는 것을 꼭 명심하기 바랍니다.

핵심 3문장

- ▶ 고객이 직접 혜택을 말하도록 해서 설득이 아닌 자발적 의사결정을 유도한다.
- ▶ 구매 단계별로 유도 기법, 가정 기법, 손실 기법 등을 활용하면 고객의 선택을 효과적으로 이끌어낼 수 있다.
- ▶ 사회적 증거 효과, 바넘 효과, 유인 효과 등 심리적 기법을 적절히 활용하면 제품을 매력적으로 보이게 할 수 있다.

설득은
온몸으로 하는 것

　세상에는 수많은 나라가 있고, 수많은 언어가 존재합니다. 서로 다른 국적을 가진 두 사람이 각자의 모국어만 사용한다면 대화가 원활하게 이뤄지기 어렵습니다. 그런데 언어를 초월해 누구나 이해할 수 있는 공통적인 소통 방식이 있습니다. 바로 몸짓언어입니다.

　누군가와 대화를 나눌 때 몸짓언어는 말만큼이나 큰 역할을 합니다. 실제로 미국의 한 대학교에서 강의자의 몸짓언어가 강의 평가에 미치는 영향에 대한 흥미로운 실험을 진행했습니다. 실험 참가자들을 두 그룹으로 나누어 A그룹은 음소거한 강의 영상을 시청하게 하고, B그룹은 음성과 함께 강의 영상을 시청하도록 했습니다. 그리고 두 그룹이 평가한 강의 점수를 비교해보니 놀랍게도 음성이 없는 상태에서도 좋은 강의는 높은 점수를 받았고, 그렇지 못한 강의는 낮은 점수를 받았습니다. 이처럼 말의 전달력은 언어뿐만 아니라 몸짓언어 같은 비언어적 요소에도 크게 좌우됩니다. 세계적인 강연 플랫폼인 TED에서도 비슷한 결과가 나왔습니다. 인지도가 비슷한 두 강연자가 비슷한 주제로 한 강연 중 몸짓언어를 적절히 사용한 강연자의 조회 수가 압도적으로 높았던 것이죠.

그렇다면 대화할 때 어떤 몸짓언어를 활용하면 말의 전달력을 효과적으로 높일 수 있을까요? 결론부터 말하면 머리부터 발끝까지 활용 가능한 다양한 몸짓언어가 존재하며, 이를 전략적으로 적용하면 소통의 품질을 극대화할 수 있습니다. 대표적으로 다음과 같은 요소들이 있습니다.

- 몸의 전체적인 자세와 방향
- 얼굴 표정과 시선 처리
- 손과 팔, 다리의 움직임
- 상대방과의 거리 조절
- 장소와 공간의 활용

이러한 요소들은 말의 내용에 감정과 진정성을 더하고, 메시지를 더 오래 기억하게 하며, 몰입도를 높입니다. 다만 그 효과가 제대로 나타나려면 말의 내용과 몸짓언어가 일치해야 합니다. "고맙습니다"라고 말하는데 입꼬리 한쪽이 올라간다거나 미간을 찌푸린다면 어떨까요? 상대방이 메시지를 온전히 받아들이기 힘들겁니다. 미국 콜게이트대학교의 실험 결과에 따르면, 말과 행동이 일치하지 않을 때 뇌는 이를 혼동된 정보로 처리하며 인지 부하를 느낍니다. 우리는 단순히 '말'만 듣는 것이 아니라 '몸'이 전하는 메시지까지 함께 인식합니다. 따라서 말의 내용과 몸짓언어의 일치도를 높이는 것이 가장 효과적인 소통법입니다.

대화에서 효과적으로 활용할 수 있는 몸짓언어를 '상대방의 마음을 여는 몸짓언어', '내용의 이해도를 높이는 몸짓언어', '집중도를 높이는 몸짓언어' 3가지로 나눠 살펴보겠습니다.

상대방의 마음을 여는 몸짓언어

가장 빠르게 상대방의 마음을 여는 몸짓 언어는 바로 표정입니다. 표정은 말하는 사람의 감정을 직관적으로 전달하는 강력한 도구입니다. 밝고 편안하면서도 자신감 있는 표정을 유지하기 위해서는 대화 상대방, 장소, 주변 환경에 적응하는 것이 중요합니다. 미리 긴장을 해소할 수 있는 방법을 몇 가지 준비해두는 것도 도움이 됩니다. 다음과 같은 준비를 해보세요.

- 약속 장소에 5분 일찍 도착해 분위기 파악하기
- 음료, 다이어리, 명함 케이스 등 준비하기
- 거울을 보면서 자연스럽고 긍정적인 표정 연습하기

팜업 제스처Palm-Up Gesture를 활용하는 것도 효과적입니다. 팜업 제스처란, 상대방에게 손바닥이 보이게 손을 위로 향하게 하는 동작으로, 안전과 존중을 표현하는 방법입니다. 중세시대에 손바닥을 보이며 악수하는 것은 '내가 무기를 숨기고 있지 않다'는 신뢰를 보여주는 표현이었습니다. 대화를 나눌 때는 손을 테이블 위에 자연스럽게 올려놓거나, 손바닥을 위로 향하게 하는 것이 바람직한 소통 방식입니다.

내용의 이해도를 높이는 몸짓언어

내용을 쉽게 이해하고 기억에 남게 하는 데는 손의 활용이 매우 중요합니다. 영국 맨체스터대학교에서 실험한 결과에 따르면, 손짓을 활용한 설명을 들은 그룹이 그렇지 않은 그룹보다 줄

거리를 3배 더 잘 기억했습니다. 그렇다면 손짓을 어떻게 활용해야 효과적일까요? 다음과 같은 방법이 있습니다.

- 크기 표현: 큰 개념은 양손을 넓게 펼쳐 표현한다.
- 비교 표현: A와 B를 비교할 때, 한쪽 손은 A, 다른쪽 손은 B로 향한다.
- 숫자 표현: 설명하는 개수만큼 손가락을 든다.
- 시간 흐름 표현: 과거, 현재, 미래를 이야기할 때 왼쪽에서 오른쪽 방향으로 손을 이동시킨다.

집중도를 높이는 몸짓언어

집중도를 높이는 데는 포인팅 제스처 Pointing Gesture 가 효과적입니다. 한 손가락으로 특정 대상이나 사물을 가리키는 동작인데, 특히 강조하고 싶은 부분을 지적할 때 유용합니다. 상대방이 기분 나쁘게 받아들일 가능성이 있다면 첨탑 제스처 Steeple Gesture 를 사용하는 게 좋습니다. 첨탑 제스처란 손가락을 하늘 방향으로 향하게 하거나 빈 공간을 가리켜 자연스럽게 주의를 집중시키는 방법입니다. 이밖에 손바닥을 아래로 향하게 하여 권위와 신뢰감을 높이는 팜다운 제스처 Palm-Down Gesture 도 활용할 수 있습니다.

말은 단순히 언어적 요소로만 이뤄지지 않습니다. 몸이 함께 말할 때 비로소 메시지가 온전히 전해집니다. 몸짓언어를 전략적으로 활용하면 더욱 효과적인 커뮤니케이션이 가능합니다.

핵심 3문장

- ▶ 몸짓언어는 말의 전달력을 극대화하는 강력한 도구다. 말과 몸이 일치할 때 상대방의 이해도를 높이고 설득력을 강화할 수 있다.
- ▶ 상대방의 마음을 여는 팜업 제스처(손바닥을 위로 향하게 하는 동작)와 이해도를 높이는 크기·비교·숫자·시간 흐름을 표현하는 몸짓언어를 적절히 활용한다.
- ▶ 집중도를 높이기 위해 포인팅 제스처(손가락으로 특정 대상 강조)와 첨탑 제스처(손끝을 모아 신뢰감 형성)를 전략적으로 사용하면 더욱 강력한 커뮤니케이션이 가능하다.

내향인을 위한
3가지 발표 전략

살다 보면 남들 앞에 서야 할 때가 있습니다. 과제를 발표할 때, 면접 볼 때, 회의나 보고 혹은 사업 계획을 소개하는 자리 등 나의 생각이나 계획을 사람들 앞에서 설명해야 하는 순간은 의외로 많습니다. 그런데 평소에는 말을 곧잘 하던 사람도 이상하게 발표만 하려면 떨리고 긴장되면서 입이 안 떨어지는 경우가 많습니다. 오죽하면 발표 공포, 발표 불안이라는 말이 있을 정도니까요.

이런 불안감은 단지 심리적 현상에 그치지 않고 신체적인 증상으로 이어지기도 합니다. 심한 경우, 심장이 두근거리고 손발이

덜덜 떨리며 얼굴이 벌겋게 달아오르는 등 신체적인 반응까지 나타나기도 합니다. 이런 상태가 되면 평소와 다른 자신의 모습에 당황하면서 더욱 자신감을 잃게 됩니다. 아무래도 생각이 흐트러지고 준비한 내용이 잘 생각나지 않아 말을 더듬거나 시선을 어디에 둬야 할지 몰라 여기저기 두리번거리는 모습을 보일 수도 있습니다.

자신의 이런 모습 때문에 '나한테 무슨 문제가 있는 건 아닌가' 걱정하는 사람들도 있는데, 결론부터 이야기하면 누구나 다 똑같습니다. 사람들 앞에 서서 온전히 혼자 주목받는데 당연히 긴장과 부담을 느끼게 되지요. 아무리 경험이 많고 말을 잘하는 사람이라 해도 이런 상황에서 긴장감을 완전히 떨쳐내는 것은 쉽지 않은 일입니다.

이는 지극히 자연스러운 현상입니다. 이런 긴장감은 '내가 지금 중요한 일을 하고 있다'는 몸과 마음의 반응이기도 하지요. 강의를 오랫동안 해온 저 역시 사람들 앞에 서면 지금도 긴장합니다. 그저 익숙해진 탓에 겉으로 드러나지 않을 뿐이지요.

발표할 때 긴장하는 가장 큰 이유는 바로 '부담감' 때문입니다. '잘해야 돼', '틀리면 안 돼', '사람들이 어떻게 생각할까' 같은 생각이 머릿속을 가득 채우면 없던 부담감도 생겨납니다. 이런 부담감은 실수를 유발합니다. 결국 부담감을 내려놓는 것이 발표 성공의 핵심입니다. 발표는 '완벽하게 해내야 하는 자리'가 아니라

'소통하고 공유하는 자리'라는 인식의 전환이 필요합니다. 그래야 비로소 발표하는 자리가 조금은 편안해지고, 나답게 말할 수 있게 되니까요.

부담감을 줄이는 실질적인 방법으로 1분 활용하기, 비언어 활용하기, 공간 활용하기 3가지 방법을 소개합니다. 차근차근 익히고 적용하다 보면, 어느새 발표하는 자리에서 조금씩 자신감이 붙는 것을 느낄 수 있을 겁니다.

1분 활용법

1분 활용하기에서 1분은 발표를 시작하기 전 1분, 발표를 시작한 뒤 1분, 발표 중 1분의 핵심 내용을 의미합니다.

먼저 발표를 시작하기 1분 전에는 심호흡이나 가벼운 스트레칭으로 긴장을 풀어줍니다. 심호흡과 스트레칭을 하면 우리 몸속에서 세로토닌이라는 신경 안정 물질이 분비됩니다. 세로토닌은 긴장을 완화시켜주는 것 외에 컨디션 회복, 근육 수축은 물론 척추 근육이 반듯해지는 효과까지 있습니다. 발표하는 내내 밝은 표정과 바른 자세를 유지하는 데 도움이 되는 것이지요.

사소해 보이지만 이 1분의 안정이 이뤄지지 않는다면 긴장감, 불안감, 초조함이 점점 커지면서 말이 말이 빨라지고 호흡도

짧아집니다. 그러면 누가 봐도 '저 사람 긴장하고 있구나' 하고 알게 됩니다. 보는 이도 같이 불안해져 아무리 좋은 내용을 발표한들 집중하기 어렵습니다. 발표를 시작하기 전 1분은 단순한 준비 시간이 아니라 성공적인 발표를 위한 심리적 기반을 다지는 중요한 시간임을 명심하기 바랍니다.

발표를 시작하고 난 뒤 1분도 전략적으로 활용해야 합니다. 처음부터 본론에 들어가지 말고 1분 동안은 가벼운 이야기로 분위기를 환기합니다. 그래도 괜찮습니다. 바로 본론으로 들어가지 말고 발표하는 사람도, 듣는 사람도 발표에 몰입할 수 있도록 준비를 합니다. 이때 분위기를 환기하면서 자연스레 공감대를 형성하는 것이지요. 그런데 발표를 시작하자마자 바로 핵심 주제로 들어가버리는 경우를 꽤 자주 봅니다. 강의에서도 공감대가 형성된 경우와 그렇지 않은 경우는 청중의 반응부터 몰입도까지 분위기가 전혀 다릅니다.

그렇다면 1분 동안 무슨 이야기를 해야 할까요? 자기소개를 해도 되고, 시간을 내서 참석해준 사람들에게 고맙다는 인사를 해도 좋습니다. 날씨 이야기를 할 수도 있겠네요. 사회자나 앞 순서 발표자를 칭찬하는 것도 좋습니다. 정 할 말이 없으면 발표 자료를 나눠주거나, 발표가 진행될 순서를 간략하게 안내할 수도 있습니다.

다만, 이 1분간 말할 내용은 무조건 암기해둬야 합니다. 옆에서 쿡 찌르면, 자동으로 술술 나올 정도로 말입니다. 사람마다 말하는 속도의 차이가 있지만, 대략 A4 용지로 반 장 정도면 1분 말하기에 충분한 분량입니다. 이렇게 처음 1분이 만들어놓은 부드러운 분위기는 발표 전체의 흐름이 부드럽게 이어지도록 도와줍니다. 첫 1분을 통해 막힘없는 나만의 리듬을 만들고 나면 발표를 마치고 나서 질문을 받을 때, 중간에 돌발 상황이나 변수가 생겼을 때도 흔들리지 않게 중심을 잡을 수 있습니다.

비언어 활용법

발표에서 말의 내용 못지않게 비언어적 요소가 중요하다는 것을 보여주는 실험 사례가 있습니다. 불특정 다수를 대상으로 총 10명의 강사가 강의하는 영상을 30초 동안 한 그룹에게는 소리를 제거한 채, 다른 그룹에게는 소리와 함께 보여줬습니다. 그리고 '가장 집중이 잘 된 강사의 강의는 몇 번째 영상인가요?'라고 물었더니 놀랍게도 두 그룹의 답변이 거의 동일하게 나왔습니다. 영상에 대한 평가는 상위권이든 하위권이든 모두 소리의 유무와는 무관했습니다. 이 실험 결과는 발표자가 하는 말의 내용만큼이나 시선, 몸짓, 표정 등 비언어적인 요소들 역시 발표에서 매우 중요하다는 사실을 보여줍니다.

비언어적 요소가 이렇게 중요한데도 많은 사람들이 이런 어려움을 호소합니다. "발표만 시작하면 눈동자가 갈 곳을 잃어버려요. 어디를 얼마나 어떻게 쳐다보면서 발표해야 좋을까요?" "발표를 할 때 팔을 몸에 붙일까요? 아니면 뒷짐을 지고 있을까요? 대체 어떻게 하고 있어야 자연스러워 보이나요?" 결론부터 이야기하자면 발표에서 활용할 수 있는 비언어적 요소 중 가장 먼저 신경 써야 할 부분은 시선과 손짓입니다. 청중의 눈을 보되 한 곳이 아니라 이 사람 저 사람 두루두루 쳐다보는 게 좋습니다. 손과 팔도 적절히 움직여야 발표에 활기가 생깁니다. 눈빛과 표정, 손과 팔의 움직임이 발표의 수준을 좌우한다고 해도 과언이 아닙니다. 발표 상황을 예로 들어보겠습니다.

30명의 인원이 가로 한 줄에 2명씩 5줄로 앉아서 총 3개의 분단으로 나뉘어 있습니다. 이런 상황에서 발표한다면 한 분단을 정해서 그 분단의 중간 지점인 세 번째 줄에 앉은 사람부터 눈 맞춤하기 시작해서 네 번째를 거쳐 맨 뒤 다섯 번째 줄까지 갔다가 두 번째 줄, 첫 번째 줄의 역순으로 돌아옵니다. 이렇게 한 분단이 끝나면 남아 있는 2개 분단도 이 순서를 동일하게 반복합니다. 때에 따라서는 한 줄에서 좌우로 모두 눈을 맞추고 다음 줄로 넘어가는 것도 괜찮습니다. 대신 한 곳에 너무 오래 시선이 멈춰 있기보다는 눈 맞춤은 한 명당 1~2초, 아무리 길어도 3초를 넘기지 않는 것이 적당합니다.

손과 팔도 무작정, 아무 이유 없이 움직이기보다는 말의 내용과 속도에 따라 연출하는 것이 좋습니다. 예를 들면 마이크가 없을 땐 배꼽 높이에서 양손을 가지런히 포갠 공수 자세로 시작합니다. 발표가 시작된 뒤에는 손바닥이 보이게 양손을 45도 정도 각도로 명치 정도 높이에서 깍지를 살짝 걸었다가 어깨너비만큼 간격을 벌리면서 풀었다가 하는 동작을 반복하는 것이 기본입니다. 중요한 내용이 나올 땐 한 손으로 화면이나 정면을 가리키고, 손을 완전히 펴 보이거나 위아래 혹은 좌우로 움직여봅니다. 어느 정도 적응되면 굳이 신경 쓰고 의도하지 않아도 말의 내용과 문장의 흐름에 따라 자연스러운 손동작이 나옵니다.

손과 팔의 움직임이 편해지면 전달하려는 메시지를 연기처럼 표현해본다는 생각으로 내용에 맞는 얼굴 표정, 목소리 크기의 변화, 속도의 강약 조절 같은 것들도 시도해보면 청중의 집중이나 몰입을 유도할 수 있어 발표하는 데 큰 도움이 됩니다.

공간 활용법

공간 활용도 발표에서 중요한 비언어 전략 중 하나입니다. 공간을 잘 활용하려면 일단 단상 뒤에 몸을 숨기거나, 자료 화면만 뚫어지게 쳐다보는 행동을 고쳐야 합니다. 발표하는 나의 몸의 방향과 서 있는 위치를 청중에게 맞추고 적절히 이동하면서 발표에 생동감을 더합니다. 예를 들면 발표 자료를 띄운 화면을 기준으로 인사는 무대 중앙에서 하고, 발표가 시작되면 무대 오른편으로 이동하면서 발표를 이어갑니다. 청중의 시선에서 오른쪽이니 방향을 헷갈리면 안 됩니다. 그래야 말하는 내내 얼굴과 몸의 방향이 청중에게 향할 수 있습니다. 설령 발표 자료 화면을 쳐다보더라도 말이죠.

반대로 무대 왼쪽 공간에서 발표하게 되면 발표자가 화면을 보기 위해 몸을 돌릴 때 청중을 등지거나 뒤통수만 보여주는 상황이 되어버립니다. 이런 자세를 계속 취하면 청중에게는 발표자의 모든 말과 행동이 불편하고 부자연스러워 보일 뿐만 아니라 자신감 없는 모습으로까지 보일 수 있기 때문에 발표 내용에 대한 신뢰도에 좋지 않은 영향을 미칠 수 있으니 조심해야 합니다.

발표 장소에 공간적 여유가 있다면 발표 상황과 내용에 따라 위치를 계속 바꿔가면서 활용하는 것도 하나의 전략입니다. 예를 들면 사례를 이야기할 때는 무대 오른쪽, 유머를 시도하거나 질문할 때는 무대 중앙, 이론적 설명을 할 때는 무대 왼쪽으로 공간을 나눠 사용하는 겁니다. 이렇게 다양한 변화를 주면 같은 시간 같은 내용을 전달해도 보다 흥미롭게 들립니다. 높은 집중력과 몰입을 이끌어내는 비결이지요.

발표 한 번 잘해서 승진했다는 사람들의 이야기를 주변에서 굉장히 많이 보고 듣습니다. 그것은 운이 아니라 철저한 준비와 연습의 결과물입니다. 이제 당신 차례입니다. 당연히 당신도 가능합니다.

핵심 3문장

▶ 발표의 긴장감을 줄이려면 1분 활용법(시작 전 심호흡, 발표 초반 공감대 형성, 핵심 1분 암기)을 실천한다.

▶ 효과적인 발표를 위해 시선(골고루 눈 맞춤), 손짓(자연스러운 제스처), 표정과 목소리 변화 등 비언어적 요소를 적극 활용한다.

▶ 단상 뒤에 숨지 않고 공간을 전략적으로 활용하면 청중의 몰입도를 높이고, 발표 내용을 더욱 효과적으로 전달할 수 있다.

협상의 열쇠, 바트나

　협상이라고 하면 흔히 사업이나 정치, 외교 분야를 떠올리기 쉽습니다. 하지만 협상은 그보다 훨씬 더 광범위하게 적용되는 개념입니다. 실제로 협상의 사전적 의미를 찾아보면, 어떤 목적에 부합하는 결정을 내리기 위해 여럿이 모여 서로 의논하고, 그렇게 의논한 내용을 검토해서 상호 동의할 수 있는 약속을 체결하는 행위라고 나옵니다. 이 정의대로라면 우리가 일상에서 나누는 수많은 대화와 조율의 순간 역시 모두 협상의 한 형태인 것이지요.

　실제로 우리 일상 곳곳에서는 협상이라는 행위가 끊임없이 이뤄지고 있습니다. 학생들이 학교에서 진행하는 학급 회의, 회사에서 매일 하는 업무 회의, 회사와 회사가 만나서 공동으로 사업을 진행하기 위해 조직한 컨소시엄, 요즘 유행하는 중고 거래를 통한 개인과 개인 사이의 거래에서도 우리는 협상을 경험합니다. 협상은 말싸움에서 이기거나 원하는 것을 쟁취해 내는 기술이 아닙니다. 그보다는 서로 다른 이해관계를 가진 사람들이 만나 상생의 가능성을 모색하는 창의적 소통의 과정입니다. 이런 협상에서 좋은 결과를 얻으려면 협상의 방향과 목표를 분명하게 설정해야 합니다.

협상의 3가지 형태

협상이라고 해서 다 똑같은 방식으로 진행되는 것은 아닙니다. 협상은 크게 분배형 협상, 이익 교환형 협상, 가치 창조형 협상 3가지 형태로 나뉩니다. 협상의 방향과 목표를 잘 설정한다는 것은 지금 현재 처한 상황에 가장 적합한 협상의 형태를 파악하고 결정하는 것입니다. 그러기 위해서는 협상의 형태를 명확히 이해해야 합니다. 하나하나 자세히 살펴보겠습니다.

첫째, 한정된 파이를 나누는 '분배형 협상'입니다. 가장 단순한 형태의 협상인 분배형 협상은 한정된 자원을 어떻게 나눌지 정하는 방식으로, 상호비례가 원칙입니다. 엄마가 과자를 열 봉지

사 주셨을 때 형과 동생이 다섯 봉지씩 나눠 갖는 방식이죠. 물론 배분율이 언제나 공평하지만은 않습니다. 기여도나 관여도에 따라 비율은 얼마든지 달라질 수 있습니다. 당연히 상대방도 이에 흔쾌히 동의해야 평화적이겠지요.

분배형 협상을 성공적으로 이끌려면 나의 기여도나 관여도를 최대한 객관적으로 판단하는 것이 중요합니다. 무조건 형이라고 해서 많이 갖는 게 아니라 누가 엄마에게 과자를 사달라고 부탁했는지, 엄마가 과자를 사 오시게끔 기분 좋게 만든 사람이 누구인지 같은 합당한 이유나 논리적인 근거를 찾아야 합니다. 아무런 근거도 없이 무작정 나의 이득을 위해 목소리만 높인다면 협상은 금세 갈등으로 치닫게 됩니다.

둘째, 내가 원하는 것을 위해 양보를 제안하는 '이익 교환형 협상'입니다. 이 협상의 핵심은 '맞바꿈'입니다. 서로 원하는 부분에 맞춰서 양보를 주고받는 구조이지요. 엄마가 사 온 과자 열 봉지가 전부 다 다른 것일 때, 형이 좋아하는 과자는 1~5번, 동생이 좋아하는 과자는 4~8번이라고 해봅시다. 일단 서로 좋아하는 과자 중 겹치지 않는 1~3번은 형이, 6~8번은 동생이 갖습니다. 다음은 서로 취향이 겹치는 4번과 5번 과자를 각각 하나씩 갖습니다. 이때 형이 먼저 선택했다면 남아 있는 9번과 10번에 대한 선택권은 동생에게 양보하는 형태입니다.

이익 교환형 협상은 서로 오랫동안 알고 지내서 유대감이 깊거나 서로 원하는 부분에 대해 사전에 충분한 교감이 이루어져서 신속한 의사결정이 가능한 경우에 적합합니다. 이익 교환형 협상을 잘하기 위해서는 상대방의 입장에서 생각해보는 공감과 이입이라는 감성 지능이 무엇보다 중요합니다. 단순히 주고받는 것 이상으로, 감정의 흐름을 조율하는 것이 핵심입니다.

셋째, 새로운 판을 짜는 '가치 창조형 협상'입니다. 가장 어렵고 가장 발전적인 형태의 협상이지요. 서로 아무리 대화를 많이 하고 의견을 주고받아도 협의점을 찾지 못할 경우, 서로 힘을 합쳐 새로운 해결책을 찾아내는 방법입니다. 형과 동생 둘 다 원하는 4번과 5번 과자를 나눠 갖는 과정에서 '내가 먼저 고르겠다' 혹은 서로 '나는 기왕이면 5번을 먹겠다'고 주장합니다. 서로 고집을 부리기만 하면 해결은 요원해집니다. 이때 형과 동생이 협력해서 찾아낼 수 있는 새로운 해결책은 다음과 같습니다. "너 지난번에 가지고 싶다고 했던 장난감, 앞으로 언제든 가지고 놀 수 있게 해줄게", "다음에 엄마가 심부름시켰을 때, 내가 대신 한 번 갈게", "9번이랑 10번 과자는 네가 다 먹어" 등 찾을 수 있는 새로운 해결책은 정말 많습니다.

가치 창조형 협상은 종종 협상의 본질을 뛰어넘어 관계 자체를 새롭게 정의하는 기회를 만들어줍니다. 이는 협상의 대상을 경쟁자가 아닌 협력자로 바라봐야 가능한 일입니다.

바트나 활용법

결국 협상을 잘한다는 것은 지금 이 상황보다 더 상위 개념에서 혹은 다른 개념에서 내가 해줄 수 있는 것이나 역으로 제시할 수 있는 대안, 바트나Best alternative to negotiated agreement, BATNA를 얼마나 철저히 준비했느냐에 달려 있습니다. 교묘하게 자신만 이득을 보려고 하거나 그럴듯한 말로 대충 얼버무리려는 사람들은 절대 시도할 수 없는 협상 방법입니다. 한편 대부분의 협상에서 가장 많이 사용되는, 가장 현실적인 방법이기도 합니다.

또 다른 상황을 예로 들어보겠습니다. 강사라는 직업의 특성상, 저는 협상의 순간을 자주 접합니다. 대표적인 예로 강사로서 에이전시와 협업할 때를 들 수 있겠네요. 양측 모두 자신의 수입을 최대화하려는 입장입니다. 어떤 협상이 이뤄질까요?

강의료 총액이 100만 원이라고 가정했을 때, 저와 에이전시가 50만 원씩 동일하게 나누면 분배형 협상입니다. 강의를 듣는 기관과의 업무 연락, 회의, 관련 자료 송부, 행정 절차 등 강의 이외의 업무는 모두 에이전시가 맡고 저는 강의 준비와 운영, 진행을 책임지는 등 상호 기여도와 관여도가 비슷한 경우에는 바람직한 방법이지요. 만약 기관에서 강사는 무조건 저를 섭외해야 한다는 조건을 내걸었거나 혹은 에이전시에서 보조강사를 투입해 운영과 진행에 도움을 주는 등 다양한 역할을 한다면 기여도와 관여도에 따라 그 비율은 달라질 겁니다.

그 어떤 기여나 관여도 없는데 자신의 몫을 늘리고 싶다면 이익 교환형 협상을 시도하게 됩니다. 에이전시 측에선 "다른 강의를 추가로 연결해주겠다", "홍보 사이트에 프로필을 올려주겠다", "강의 중 영상을 찍어서 홍보용 자료로 쓸 수 있게 편집해주겠다" 등 새로운 바트나를 제시하며 더 많은 몫을 요구할 수 있습니다. 물론 저 역시 다른 제안을 하며 제 몫을 늘리는 데 나설 수도 있지요.

결국 어떤 형태의 협상이든 상대방에게 역으로 제시할 수 있는 대안, 즉 바트나를 누가 더 많이, 얼마나 매력적으로 준비하느냐가 협상의 성패를 좌우합니다. 그렇다면 바트나를 잘 준비하고 만들 수 있는 방법에는 무엇이 있을까요? 3가지 원칙만 기억하고 실천하면 충분합니다.

첫 번째, 미리 만드세요. 느긋하게 아무것도 하지 않고 있다가 협상 자리에서 의견이 일치하지 않는데 그 어떤 대안도 제시하지 못하면 상대방에게 불성실한 태도로 협상에 임하고 있다는 느낌을 주게 됩니다. 자칫 협상 자체가 무산될 수도 있습니다.

두 번째, 계속 만드세요. 바트나를 미리 준비해왔더라도 협상이 진행되는 내내 계속 추가하고 개선해야 합니다. 상대방에게 집중하며 생각과 감정의 변화를 살피고 적극적으로 경청한다면 얼마든지 가능합니다.

세 번째, 하나라도 더 많이 만드세요. 3개보다는 5개, 5개보다는 10개를 준비한 사람이 협상에서 우위를 점하게 마련입니다. 협상에서는 출중한 외모, 뛰어난 언변, 멋지고 화려한 이미지보다 더 중요한 것이 바트나이기 때문입니다. 협상은 설득이 아니라 제안입니다. 내가 가진 바트나가 많을수록 협상의 판은 내 쪽으로 기울어지게 되어 있습니다.

핵심 3문장

- ▶ 협상은 분배형, 이익 교환형, 가치 창조형으로 나뉜다. 상황에 맞는 협상 전략으로 접근해야 한다.
- ▶ 성공적인 협상을 위해서는 상대방에게 제시할 매력적인 대안, 바트나를 잘 준비해야 한다.
- ▶ 바트나를 미리 만들고, 협상 중에도 계속 보완하며, 가능한 한 많이 준비하는 것이 효과적인 협상의 핵심이다.

성과를 끌어내는
3가지 협상법

앞서 바트나는 협상에서 원하는 결과를 얻기 위해 반드시 준비해야 할 요소라고 설명했습니다. 바트나는 나의 협상력을 결정 짓는 기준점이자 방패입니다. 바트나를 충분히 준비했다면, 이제는 실제 협상 과정에서 상대방의 긍정적인 반응을 이끌어낼 전략을 고민할 차례입니다. 아무리 좋은 조건을 갖추고 있어도 상대방이 심리적으로 받아들이기 어려운 방식으로 접근하면 협상은 틀어질 수밖에 없습니다.

그렇다면 어떻게 해야 상대방의 마음을 움직일 수 있을까요? 3가지 방법을 추천합니다. 객관적 사실이 아닌 인식의 틀을 바꾸는 '틀 바꾸기', 거절을 허용하지 않되 강요처럼 느껴지지 않는 '이중 구속하기', 동일한 이득을 더 크게 느끼게 하는 '이득 분리하기' 전략입니다.

틀 바꾸기, 협상의 프레임을 재구성한다

틀 바꾸기는 가장 직관적이고 강력한 협상 전략입니다. 객관적인 사실을 바꾸기 어려울 때, 그 사실은 그대로 두되 주변의 틀을 바꾸는 전략이지요. 어떤 사실을 직접 바꾸는 것이 아니라 그 사실이 어떻게 보이느냐를 바꾸는 것입니다. 주변의 틀을 바꾸는 것만으로도 그 사실을 받아들이는 상대방의 느낌, 생각, 감정은 확연히 달라집니다.

조삼모사朝三暮四라는 말이 있습니다. 아침에 세 개, 저녁에 네 개 주겠다는 제안은 거절당했지만 아침에 네 개, 저녁에 세 개 주겠다고 하니 협상이 체결되었다는 이야기입니다. 두 제안의 총량은 같지만 받아들이는 쪽의 느낌은 전혀 다릅니다. 또 다른 예를 들어보겠습니다. "오늘 회식 메뉴는 25퍼센트 순지방으로 이루어진 소고기입니다"와 "오늘 회식 메뉴는 75퍼센트 순살코기로 이루어진 소고기입니다" 둘 중 어느 쪽이 끌리나요? 사실 같은 말이지만 후자가 끌립니다. "이번 생일선물로 사치품을 하나 사줄게"라는 말보다는 "이번 생일선물로 명품 하나 사줄게"라는 말이, "무료 봉사를 부탁드립니다"라는 말보다는 "재능 기부 부탁드립니다"라는 말이 훨씬 설득력 있습니다. 같은 내용, 정보, 사실을 전달하더라도 어떤 단어를 택하느냐에 따라 상대방의 기분과 태도, 선택은 달라집니다.

그런데 우리는 살면서 알게 모르게 틀 바꾸기를 역효과 나게 사용하는 경우가 꽤 많습니다. 예를 들어, 누군가에게 부탁을 할 때 '힘드시겠지만', '어려우시겠지만', '불편하시겠지만', '번거롭겠지만' 같은 표현을 습관처럼 덧붙이는 경우가 많습니다. 이러한 표현은 겉보기에는 상대에 대한 배려와 예의를 담고 있는 듯하지만, 실제로는 말을 꺼내기 전부터 '이 일은 힘들고, 어렵고, 불편하고, 번거로운 것이다'라는 부정적인 틀을 먼저 씌우는 역할을 합니다. 그보다는 '괜찮으시면', '가능하시면', '원하신다면' 같은 긍정적인 어휘를 사용하는 것이 훨씬 효과적입니다.

말투나 표현도 중요합니다. '제가', '홍길동님이' 이렇게 선을 긋기보다는 '우리가', '함께', '같이'라는 말을 사용하면 협력자, 파트너라는 느낌을 주어서 따뜻한 분위기 속에서 협상을 이끌어나갈 수 있습니다. 이처럼 틀 바꾸기는 단어와 말투를 바꾸는 작은 시도만으로도 상대방의 감정을 긍정적으로 전환시킬 수 있는 효과적인 기술입니다.

이중 구속, 선택지를 주되 거절은 피한다

"밥 먹을래, 나랑 사귈래? 밥 먹을래, 나랑 같이 죽을래?" KBS 인기 드라마 〈미안하다 사랑한다〉의 명대사입니다. 남자 주인공이 여자 주인공에게 했던 말이죠. 바로 '이중 구속하기'의 예시입니다. 물론 너무나도 과격한, 극단적인 예시입니다. 이중 구속은 두 개의 선택지를 주되 그중 어느 것도 거절하기 어려운 구조를 만드는 전략입니다.

틀 바꾸기를 통해 상대방의 관점을 긍정적으로 바꾸는 데 성공했다면 이제 혹시라도 나올지 모르는 상대방의 거절을 사전에 차단하는 동시에 그 거절을 부탁으로 바꾸는 전략이 필요합니다. 이때 이중 구속하기가 빛을 발합니다.

예를 들어볼까요. "이 제품을 구입하시겠어요?"라고 물어보면 상대방은 "예" 또는 "아니요"로 반응할 것입니다. 그런데 "현금으로 하시겠어요, 아니면 카드로 하시겠어요?"라고 질문을 바꾸면 어떤가요? 이때는 거절보다 선택에 무게를 두고 생각하게 됩니다. 물론 거절할 수도 있습니다. 하지만 딱 잘라 거절하는 게 아니라 "좀 더 둘러보고 올게요"처럼 정중하게 부탁하는 형태를 띠게 됩니다. 뭔가 빚진 느낌, 신세 진 기분이 들게 하는 것이지요.

이성에게 데이트를 신청할 때도 마찬가지입니다. "주말에 같이 밥 먹을래요?" 대신 "주말에 치킨 먹을까요, 아니면 고기 먹을까요?"라고 물으면 선택권이 상대방에 있는 듯하면서도 주도권은 내게 넘어옵니다. 대답은 둘 중 하나겠죠. "전 치킨보다는 고기가 더 좋아요." 혹은 "제가 주말에는 선약이 있는데 그다음 주는 어떠세요?"라고 답할 겁니다.

이중 구속을 실전에서 잘 활용하려면 상대방이 최대한 편안하게 느낄 수 있도록 부드러운 말투와 표정, 섬세한 감정 전달까지 신경 써야 한다는 사실을 기억하세요.

이득 분리, 혜택을 한번에 몰아주지 마라

다음 세 사람 중 누가 가장 행복할까요?

1. 정 과장은 오늘 50만 원짜리 복권에 당첨됐다.
2. 최 부장은 오전에 20만 원짜리 복권에 당첨되고 오후에 추가로 30만 원에 당첨됐다.
3. 홍 대리는 출근 전 서재에서 책갈피 속에 배우자가 숨겨놓은 비상금 10만 원을 찾았고, 오전에 20만 원짜리 복권에 당첨되었으며, 오후에 20만 원에 추가 당첨됐다.

수치로는 세 명 모두 50만 원이 생겼지만, 만족도는 분명 다릅니다. 인간 심리에는 시너지 효과가 존재합니다. 즉, 사람들은 한번에 큰 보상을 받는 것보다 작게 나누어 여러 번 보상을 받는 것을 더 크게 느낍니다. 같은 50만 원이지만 한번에 받는 것보다 세 번에 나누어 받은 홍 대리의 만족감이 가장 큰 것이지요.

협상에서도 마찬가지입니다. 내가 상대방에게 무언가를 줄 거라면 상대방이 더 크게 느끼도록 한번에 몰아주기보다는 가능한 한 많이, 최대한 여러 번 나누어서 주는 것이 좋습니다. 이때 주는 것은 물질적인 혜택이든 심리적인 만족감이든 고급 정보든 나의 배려든 간에 상대방이 얻게 되는 모든 이득을 포함합니다. 그런 이득을 분리하는 것이 바로 협상 전략입니다.

앞서 바트나를 하나라도 더 많이 준비하라는 말도 같은 맥락에서 이해할 수 있습니다. 나에게 무언가를 계속 제안하고 제시하는 상대방이라면 없던 호감도 생겨납니다. 구매 시점이 아닌 결제 시점에 혜택을 주는 청구할인, 구입 이후 2주에서 1달 사이에 지급하는 캐시백과 페이백에는 이런 이유가 숨어 있습니다.

어떤 기사의 댓글에서 참 와닿는 문장을 본 적 있습니다. "나의 이득만큼 누군가가 손해를 보는 것이 경제다." 뭐라 반박할 말이 떠오르지 않더군요. 협상도 마찬가지입니다. 내가 협상에서 얻은 것이 있다면 그것은 상대방이 양보나 희생을 했다는 뜻입니다. 내가 더 대단하거나 잘나서 이긴 게 아닙니다. 협상에는 이기고 지는 개념이 존재하지 않아요. 배려하고 배려받는 것만이 존재할 뿐입니다. 즉, 나만 얻는 것이 아니라 서로 얻는다는 마음과 상대방에 대한 존중의 태도가 협상의 기본이자 최고임을 기억하세요.

핵심 3문장

- ▶ 협상에서는 틀 바꾸기(같은 사실도 긍정적으로 보이도록 표현 변화), 이중 구속하기(거절을 줄이고 선택을 유도), 이득 분리하기(혜택을 나눠 제공해 심리적 만족감 증가) 전략이 효과적이다.
- ▶ 같은 조건이라도 표현 방식을 바꾸면 상대방이 긍정적으로 받아들이며, 선택지를 2가지로 제한하면 "노"라는 대답을 줄일 수 있다.
- ▶ 협상은 상호 배려와 존중을 바탕으로 진행하고 상대방에게 심리적 만족감을 주어야 한다.

영업사원을 위한 비즈니스 소통법

조직에는 다양한 부서와 직무가 존재합니다. 그중에서도 영업은 회사의 얼굴이라 할 수 있습니다. 외부 고객과 가장 많이 소통하므로 기업의 이미지와도 직결됩니다. 그런데 영업 분야에서 일하지 않더라도 우리는 모두 무언가를 팔면서 살아갑니다. 영업은 단순히 상품이나 서비스를 판매하는 것뿐만 아니라 자신의 의견을 설득력 있게 전달하고 타인의 행동에 영향을 미치는 모든 과정을 포함하는 개념이기 때문입니다. 대니얼 핑크는 《파는 것이 인간이다》에서 "모든 사람이 영업을 하고 있다"고 강조한 바 있습니다.

이처럼 타인을 설득하고 영향력을 발휘하는 것은 특정 직무에 국한된 능력이 아니라 모든 조직 구성원이 갖추어야 할 기본적인 역량입니다. 따라서 효과적인 영업 대화 기술을 익히는 것은 직무를 불문하고 필수적이라 할 수 있습니다.

영업 상황에서의 효과적인 소통 방법

영업 현장에서 마주치는 상황을 세분해서 살펴보겠습니다. 먼저 첫 만남입니다. 이 단계에서는 인사와 자기소개가 이뤄집니다. 누군가를 처음 만났을 때 "안녕하세요"라고 인사만 하고 가만히 있는 모습을 종종 봅니다. 인사를 한 후에는 반드시 짧고 명확한 자기소개를 덧붙여야 합니다. '인사 + 자기소개 + 명함 전달'을 습관화하세요. "안녕하세요, ○○○입니다. 반갑습니다"라고 말한 뒤 오른손으로 자신의 명함을 건네고 왼손으로 상대방의 명함을 받습니다. 명함을 받은 후에는 간단히 확인한 뒤 정중히 보관합니다.

다음은 자리 안내와 좌석 배치입니다. 첫인상을 좋게 만들려면 어떻게 해야 할까요? 무엇보다 상대방을 편안하게 해줘야 합니다. 자리를 안내해야 하는 상황이라면, 상대방의 시선을 기준으로 왼쪽에 서서 자연스럽게 이동을 유도합니다. 좌석은 출입구가 정면으로 보이는 안쪽 자리로 배치하는 것이 이상적입니다. 출입구가 보이면 외부의 변화를 쉽게 관찰할 수 있어 심리적 안정감을 느낍니다. 반대로 출입구를 등지고 앉으면 주변 상황을 파악하기 어려워 심리적으로 불안정해집니다.

본격적인 대화에 앞서 가벼운 이야기로 분위기를 부드럽게 만듭니다. 차 한 잔을 권하며 가벼운 담소를 나누는 것도 좋겠지요. 서로의 안부를 전하며 날씨나 옷차림 등에 대한 가벼운 대화를 나누다 보면 서로간의 심리적 거리를 좁히고 대화를 이어날 마음의 준비를 하게 됩니다.

비즈니스 대화의 흐름과 말하기 방식

비즈니스 대화는 '미괄식 ➡ 두괄식 ➡ 양괄식 ➡ 두괄식' 순서로 진행하는 것이 효과적입니다.

대화의 시작은 미괄식(결론을 나중에 말하는 방식)으로 합니다. 비즈니스 대화에서는 과정을 먼저 설명하고 결론을 마지막에 전달하는 것이 효과적입니다. "오늘 저희가 논의할 내용은 크게 3가지입니다. 먼저 A를 설명드리고, 이후에 B와 C를 다루겠습니다"처럼 상대방이 대화 흐름을 미리 파악할 수 있도록 유도합니다.

상황	포인트	대화법
대화의 시작	편안함과 긴장 완화	미괄식
본 상담	객관적인 사실을 논리적으로 구조화	두괄식
협상 상황	긍정적인 정보 수용	양괄식
대화의 마무리	의사결정 단계	두괄식

본 상담은 두괄식(결론을 먼저 말하는 방식)이 효과적입니다. "견적은 1500만 원입니다. 조정이 필요하면 협의 가능하며, 조정 범위는 다음과 같습니다." 이처럼 핵심 정보를 가장 먼저 전달해서 고객이 내용을 빠르게 이해하도록 돕습니다. 본 상담에서는 반드시 두괄식을 사용해야 합니다. 미괄식으로 이야기하면 "그래서 견적이 얼마라는 거죠?" 같은 반응이 나올 수 있습니다.

협상 및 반론 처리는 양괄식(미괄식 + 두괄식 혼합)으로 접근합니다. 상대방이 강한 반응을 보일 수 있는 협상 단계에서는 미괄식과 두괄식을 혼합한 양괄식을 사용하는 게 좋습니다.

미괄식 시작 : "이 부분에서 조정할 여지가 있습니다."
두괄식 결론 : "따라서 최종적으로 조정 가능한 범위는 1350만 원입니다."

양괄식 대화법을 사용하면 고객이 부담을 덜 느끼고, 협상이 성공적으로 마무리될 가능성이 높아집니다.

대화의 마무리는 두괄식으로 정리합니다. "오늘 논의한 내용을 정리하겠습니다. 최종 견적은 1350만 원으로 협의되었습니다. 계약 절차는 이메일로 안내드리겠습니다." 마무리에서 미괄식을 사용하면 상대방이 '왜 이렇게 질질 끄는 거지?'라고 생각할 수 있으므로, 깔끔하게 두괄식으로 정리하는 것이 가장 효과가 좋습니다.

핵심 3문장

- 비즈니스 대화에서는 첫인상 관리가 중요하므로 '인사 + 자기소개 + 명함 전달'을 습관화하고, 가벼운 이야기로 심리적 거리를 좁힌다.
- 대화의 흐름은 '미괄식(시작) ➡ 두괄식(본 상담) ➡ 양괄식(협상) ➡ 두괄식(마무리)'으로 진행해야 논리적이고 설득력이 높아진다.
- 협상 단계에서는 양괄식(미괄식 + 두괄식)을 활용해 부담감을 줄이고, 마무리는 두괄식으로 깔끔하게 정리해 신뢰를 구축한다.

문서 소통에도
전략이 필요하다

　말을 잘하는 사람이 반드시 소통을 잘하는 것은 아닙니다. 프로는 단순히 말을 유창하게 하는 사람이 아니라 상대방이 이해하기 쉬운 방식으로 정확하게 정보를 전달하는 사람입니다. 말로 소통할 때는 표정, 어조, 몸짓언어 같은 비언어적 요소가 메시지를 보완해주지만 문서는 오직 텍스트와 시각적 요소로만 소통해야 합니다. 문서로 소통할 때는 말로 소통할 때보다 훨씬 전략적으로 접근해야 하는 이유입니다.

　직장에서 이루어지는 소통의 약 70퍼센트는 문서를 통해 이루어집니다. 보고서, 기획안, 품의서, 제안서, 예산안 등은 업무의 시작과 끝을 책임지는 중요한 도구이지요. 이들 문서 기반의 소통은 다시 대면 소통과 비대면 소통으로 나누어볼 수 있습니다.

- 대면 소통 :   문서를 기반으로 대화를 나누며 설명하기 때문에 말하는 방식이 전달력을 좌우한다. 비언어적 피드백을 확인하면서 내용을 조율할 수 있다.
- 비대면 소통 : 오로지 문서로만 의사 전달이 이루어지므로 명확하고 효과적인 문서 작성 능력이 필수적이다. 문서 자체로만 메시지를 전달해야 하기 때문에 정제된 표현이 필요하다.

비대면 소통에서는 문서가 곧 나 자신입니다. 문서의 완성도가 곧 나의 전문성을 증명하는 도구가 됩니다. 어떻게 하면 읽기 쉬우면서도 전달력이 높은 문서를 작성할 수 있을까요? '보이게 쓰기', '일치시켜서 쓰기', '체계적으로 쓰기' 3가지 원칙을 실천하면 누구나 문서 소통의 전문가가 될 수 있습니다.

문서는 읽히는 것이 아니라 보이는 것이다

작성자는 공들여 내용을 작성하지만, 수신자는 문서를 읽기보다는 본다는 점을 기억해야 합니다. 이해보다 인지가 먼저 일어나는 것이지요. 따라서 문서의 내용을 효과적으로 전달하려면 시각적 요소를 적절히 활용하는 게 필수적입니다. 문서의 가독성을 높이기 위해서는 이미지, 표, 그래프 등을 활용해 핵심 내용을 강조해야 합니다. 특히 내용이 길거나 복잡할 때는 요약해서 한눈에 보기 쉽게 정리해놓으면 전달력이 더욱 높아집니다.

가독성이 낮은 문서

- 매출이 10퍼센트 증가했습니다.
- 올해 1분기 매출은 500억 원입니다.
- 목표 대비 실적 달성률은 95퍼센트입니다.

가독성이 높은 문서

📊 매출 증가율: +10퍼센트
💰 1분기 매출: 500억 원
🎯 목표 달성률: 95퍼센트

중요한 것은 전달하려는 정보가 한눈에 들어오느냐입니다. 다만 지나치게 화려한 디자인 요소는 오히려 핵심을 이해하는데 방해가 될 수 있으므로 문서의 목적과 맥락에 맞춰 균형감 있게 구성해야 합니다.

문서의 통일감은 가독성을 좌우한다

문서의 가독성이 떨어지면 아무리 좋은 내용이라도 신뢰도가 낮아지고, 전달력이 약해집니다. 통일된 형식은 문서 전체가 정돈된 듯한 인상을 주며, 전달하려는 정보에 집중할 수 있게 도와줍니다. 가독성이 좋은 문서는 내용을 더 쉽게 받아들이게 하며, 읽는 사람에게 전문적이고 신뢰감 있는 인상을 줍니다. 반면, 정리가 안 된 문서는 중요한 정보마저 흐릿하게 보이게 만들지요.

가독성을 높이기 위해서는 문서에서 사용하는 글꼴과 글자 크기를 통일하고, 제목과 본문의 계층 구조를 명확히 하며, 문서의 정렬 방식을 일정하게 유지해야 합니다. 또한 줄 간격, 여백, 들여쓰기 등을 통일하면 문서가 정돈되어 보입니다. 한 문단의 길이를 5줄 이내로 유지하면 더욱 쉽게 읽히고 쉽게 이해할 수 있습니

	일관성 없는 문서	일관성 있는 문서
제목	고딕체, 18pt	고딕체, 20pt (굵게)
본문	명조체, 14pt	고딕체, 14pt
표 제목	볼드체, 12pt	고딕체, 14pt (굵게)
표 본문	기본체, 10pt	고딕체, 12pt

다. 중요한 내용은 단락을 구분해 강조합니다. 또한, 문단 요약이나 중요한 내용에 강조 표시를 활용하면 핵심 정보를 더욱 빠르게 전달할 수 있습니다.

문서는 직관적 구조와 논리적 근거로 완성된다

문서를 작성할 때 제목은 본문을 읽지 않아도 내용을 쉽게 유추할 수 있도록 직관적으로 작성해야 합니다. 제목, 소제목, 본문은 서로 긴밀하게 연결되어 읽는 이가 그 흐름을 자연스럽게 따라갈 수 있도록 구성해야 합니다. 본문은 논리적으로 정리되어야 하며, 각 항목이 유기적으로 연결되어야 합니다. 또한, 신뢰도를 높이기 위해 정량적 데이터, 통계, 검증된 이론 및 사례를 활용해 근거를 명확히 제시하는 게 중요합니다.

제가 3년 동안 출연한 라디오 프로그램을 소개하는 문서를 예로 들어보겠습니다.

- 좋은 예 : 〈말 트고 마음 트고〉 월요일 코너 '슬기로운 언어생활' 기획안
- 나쁜 예 : 프로그램 활성화 및 코너 고도화를 위한 기획안

두 제목의 느낌이 다르지 않나요? 직관적인 제목은 본문의 내용을 보지 않아도 어떤 내용이 담겨 있는 문서인지 파악할 수 있게 도와줍니다.

문서를 작성할 때 가장 중요한 요소 중 하나가 바로 구조적인 완성도입니다. 문서의 목적이나 내용에 따라 세부 항목은 조금씩 달라질 수 있지만, 누락과 중복 없이 각 항목이 유기적으로 연결되는 것이야말로 탄탄한 문서를 만드는 핵심입니다. 여기에 더해 각 항목이 논리적으로 이해되고 납득될 수 있는 근거까지 포함된다면 문서의 신뢰도는 더욱 높아지겠지요(오른쪽 기획안 참고).

그렇다면 논리적 근거란 무엇일까요? 단순히 주장만 나열하는 것이 아니라 정량적 수치와 통계, 검증된 이론적 배경, 국내외 실제 사례처럼 객관성과 신뢰도를 갖춘 자료를 활용하는 것입니다. 이러한 근거가 뒷받침될 때, 문서는 단순한 정보 전달을 넘어 설득력을 갖게 됩니다.

반대로, 기획 의도와 주요 내용이 서로 어긋나거나 근거가 추상적이고 주관적이라면 이는 문서 전체의 신뢰도를 저하하는 것은 물론 설득력을 떨어뜨립니다. 세부 계획을 제시하면서 일정만 명시하고 비용에 대한 고려가 빠져 있다면, 이는 보완해야 할 필요가 있는 문서입니다. 이런 문서는 전달력이 떨어지고, 실질적으로 실행할 때 어려움을 초래할 가능성이 큽니다.

보이게 쓰기, 일치시켜서 쓰기, 체계적으로 쓰기를 바탕으로

- **기획 의도 :** 말하는 재미와 소통하는 즐거움을 쉽고 재밌게 알아보기
- **주요 내용 :** 때와 상황에 맞는 올바른 말하기 방법과 소통 노하우
- **연사 :** 최지훈(한국서비스인재양성연구소 대표)
- **연사 선정 이유 :**
  - 10년 이상 활동한 소통 분야 전문 강사로 대중 노출 빈도 높음
  - 블로그 게시물을 통해 해당 분야의 전문성과 원고 작성 능력 검증
  - 유사 방송 경력이 없어 매우 신선함
- **세부 계획 :**
  - 주 1회 스튜디오 방문 녹음 및 녹화
  - 필요 예산 ○○원
  - 투입 인력 ○○○ PD, ○○○ 작가, ○○○ 사회자 등
  - 장비 및 기자재 활용 계획
  - 모니터링 및 관리 계획
- **기대 효과 :** 남녀노소 공통의 관심사인 소통 방법에 대한 소개로 다양한 청취자 확보 및 프로그램 내 타 코너 유입 증대

문서를 작성하면 대면 상황에서 대화를 주고받는 소통을 할 때뿐만 아니라 비대면 상황에서도 신뢰감 있는 소통이 가능해집니다.

> **핵심 3문장**
>
> ► 문서는 읽는 게 아니라 보는 것이므로 이미지와 표, 그래프 등을 활용해 가독성을 높인다.
> ► 글꼴, 정렬 방식, 문단 길이를 통일하면 문서의 일관성이 유지되고 신뢰도가 올라간다.
> ► 직관적인 제목, 논리적인 구성, 정량적 데이터와 사례를 활용하면 설득력이 강한 문서를 만들 수 있다.

맺음말

당신은
프로입니까?

'알잘딱깔센'이라는 말이 있습니다. '알아서, 잘, 딱, 깔끔하게, 센스 있게'의 앞 글자를 따 만든 신조어로, 인터넷 방송에서 유행하며 많은 이들의 공감을 얻은 표현입니다. 비록 표준어는 아니지만, 저는 업의 특성상 이런 트렌드에도 주목합니다. 단순히 유행을 쫓는 것이 아니라, 그것이 유의미하고 지속 가능하다고 판단되면 교육 콘텐츠에 반영하는 것이죠.

실제로 그렇게 탄생한 콘텐츠가 바로 '알잘딱깔센 프로 일잘러가 되는 방법'입니다. 코로나19가 한창이던 시기에 시작한 이 강의는 지금까지도 꾸준히 요청이 들어오는 효자 강의입니다. 그 강의에서 제가 가장 먼저 던지는 질문이 있습니다. 바로 "누가 프로일까요?"입니다.

프로란, 대가를 받고 어떠한 행위를 하는 사람입니다. 나이,

성별, 전공, 직렬을 불문하고, 전문성과 책임감을 갖고 있는 사람이라면 누구나 프로입니다. 여기서 '대가'의 크기는 중요하지 않습니다. 받았느냐, 받지 않았느냐의 차이만 있을 뿐입니다. 저는 늘 프로의 가장 단순한 정의를 이렇게 설명합니다. 냉정하게 들릴 수 있지만, 프로의 세계에서 가치는 결국 '돈'입니다. 물론 영향력이나 성장, 만족 등 다른 요소를 더 중시하는 분들도 계시겠지만, 현실적으로 현재 연봉보다 많은 제안을 받았을 때, 망설임 없이 "아니요"라고 말할 수 있는 사람이 과연 얼마나 있을까요?

저는 '프로'라는 단어를 무척 좋아합니다. 단 두 글자 안에 전문성과 책임감이라는 조건과 덕목이 모두 담겨 있기 때문입니다. 그래서 이번 책의 제목에도 이 단어를 담았고, 같은 구조와 라임을 살려 시리즈도 준비하고 있습니다.

하지만 '전문성'과 '책임감'이라는 말은 한편으로 꽤 추상적인 개념이기도 합니다. 실제로 다양한 분야의 관계자들과 대화를 나누다 보면, 각 분야가 말하는 '전문성'의 기준이나 내용은 천차만별입니다. 그럼에도 불구하고 진짜 프로들에게는 공통점이 하나 있습니다. 바로 '무의식적 지식'을 갖추고 있다는 점입니다.

무의식적 지식은 결코 하루아침에 만들어지지 않습니다. 무의식적 무지, 의식적 무지, 의식적 지식의 단계를 거쳐야 비로소 도달할 수 있습니다. 이는 세계적인 베이시스트 빅터 우튼이 앤서니 웰링턴의 '의식의 4단계'를 인용하며 연주법을 설명한 것에서 차용한 개념입니다. 음악뿐 아니라, 소통과 대화, 커뮤니케이션을 포함한 모든 분야에 적용되는 원리입니다.

1단계는 '무의식적 무지 Unconscious Not Knowing', 즉 내가 무엇을 모르는지도 모르는 상태입니다. 무언가를 막 시작하려는 시점이라면 누구나 이 상태에 해당합니다. 아무것도 모르지만 새로운 것을 배우는 설렘과 기대감으로 가득 찬 시기이기도 하죠. 유아기를 떠올리면 이해가 쉬울 것입니다. 모든 게 새롭고 즐겁기만 한 상태입니다.

2단계는 '의식적 무지 Conscious Not Knowing'입니다. 이제 자신이 무엇을 모르는지를 자각하게 됩니다. 설렘은 사라지고, 본격적으로 어려움이 시작되는 단계입니다. 학습과 훈련, 집중과 노력이 필요한 시기이죠. 학창 시절 상급 학교에 진학했을 때나, 사회 초년생이 되었을 때가 여기에 해당합니다.

이 단계에서 사람들은 두 갈래로 나뉩니다. "까짓거 한번 해보자"와 "이 길은 나와 맞지 않는다" 사이에서 선택이 갈리는 것이죠. 전자를 택한 이들은 시간과 자원을 들여 꾸준히 노력하게 됩니다. 그렇게 도달하는 것이 바로 3단계, '의식적 지식 Conscious Knowing'입니다.

이 단계에 이르면 자신이 아는 것이 무엇인지 명확히 인식하고, 학습과 경험을 통해 축적한 지식을 자신만의 방식으로 체화해 갑니다. 일정 수준 이상의 실적과 성과를 꾸준히 내는 이들이 여기에 해당합니다. 물론 이 안에서도 초입, 완숙, 극에 해당하는 수준 차이가 존재합니다. 중요한 것은, 이 단계에서 얼만큼 머물러야 하는지 정해진 시간은 없다는 사실입니다. 하지만 모두가 4단계로 갈 수 있는 것은 아닙니다.

프로의 영역이라 할 수 있는 마지막 단계는 '무의식적 지식 Unconscious Knowing'입니다. 내가 무엇을 알고 있는지도 모를 정도로 능숙한 경지에 이른 상태입니다. 의식적인 노력 없이도 적절한 판단과 행동이 자동으로 나옵니다. 이 경지에 이른 사람들을 우리는 '장인', '명인', '인간문화재' 등으로 부르죠.

저 역시 강의를 마치고 나면, 어떤 이야기를 했는지 자세히 기억이 안 날 때가 종종 있습니다. 하지만 교육생들의 반응은 놀랍도록 좋습니다. 그만큼 제게는 내용과 흐름이 이미 체화되어 있고, 말 한마디 한마디가 자연스럽게 흘러나오기 때문이겠죠. 운동선수들이 극적인 순간을 회상하며 "어떻게 했는지 기억나지 않는다"고 말하는 것과 같은 이치입니다.

이 책의 주제인 소통과 대화, 커뮤니케이션 역시 마찬가지입니다. 처음에는 의식적으로 판단하고 노력해야 합니다. 하지만 반복과 훈련을 통해 어느 순간 가장 적절한 말과 행동이 자연스럽게 나올 수 있습니다. 바로 그 지점이 '잘 말하는 사람'의 출발점이며, 이 책이 안내하고자 하는 목표인 프로의 말하는 방식입니다.

다시 한번 강조합니다. '말을 잘하는 것'보다 '잘 말하는 것'이 중요합니다. 그래야만 당신의 역량이 인정받고, 그에 합당한 보상을 받을 수 있습니다. 저 역시 그 인정과 보상을 기쁘게 누려보려 합니다. 이 책이 나오기까지 아낌없는 조언을 건네준 파트너들과, 언제나 저를 믿고 응원해주는 사랑하는 아내와 딸, 가족들에게 이 자리를 빌려 깊이 감사드립니다.

그리고 이제, 당신의 차례입니다. 이 책을 통해 당신도 잘 말하는 프로로 성장하길 진심으로 응원합니다.

프로는 어떻게 말하는가

초판 1쇄 인쇄 2025년 6월 17일
초판 1쇄 발행 2025년 6월 27일

지은이 최지훈
펴낸이 유정연

이사 김귀분
책임편집 신성식 **기획편집** 조현주 유리슬아 서옥수 황서연 정유진 **디자인** 안수진 기경란
마케팅 반지영 박중혁 하유정 **제작** 임정호 **경영지원** 박소영 **교정교열** 허지혜

펴낸곳 흐름출판(주) **출판등록** 제313-2003-199호(2003년 5월 28일)
주소 서울시 마포구 월드컵북로5길 48-9(서교동)
전화 (02)325-4944 **팩스** (02)325-4945 **이메일** book@hbooks.co.kr
홈페이지 http://www.hbooks.co.kr **블로그** blog.naver.com/nextwave7
출력·인쇄·제본 삼광프린팅(주) **용지** 월드페이퍼(주) **후가공** (주)이지앤비(특허 제10-1081185호)

ISBN 978-89-6596-725-5 03190

- 이 책은 저작권법에 따라 보호를 받는 저작물이므로 무단 전재와 복제를 금지하며, 이 책 내용의 전부 또는 일부를 사용하려면 반드시 저작권자와 흐름출판의 서면 동의를 받아야 합니다.
- 흐름출판은 독자 여러분의 투고를 기다리고 있습니다. 원고가 있으신 분은 book@hbooks.co.kr로 간단한 개요와 취지, 연락처 등을 보내주세요.
- 파손된 책은 구입하신 서점에서 교환해 드리며 책값은 뒤표지에 있습니다.